.

Susanne Fiek und Yvonne Schwegler

Mit ganz viel Herz!

Geschichten und Anekdoten aus Heidelberg

Wartberg Verlag

Impressum

Bildnachweis

Bestand Robert Burkhardt, Kreisarchiv Rhein-Neckar, Ladenburg: S. 9, 68; Andreas Konietzko, Eppelheim: S. 39, 49; Claus Fiek, Dossenheim: S. 26; Gladys E. Fischer, MBE, Heidelberg: S. 23, 24, 25; Erich Miltner, Heidelberg: S. 72, 73, 74, 75; Picture alliance/akg-images: S. 35; Foto Sauer, Heidelberg: S. 17; Familie Spengel „Zum Roten Ochsen", Heidelberg: S. 12; Stadtarchiv Heidelberg: S. 28, 29, 31, 60, 61, 62, 77; Stadtteilverein Handschuhsheim, Heidelberg: S. 51, 53, 58, 59; Stadtteilverein Heidelberg-Rohrbach, Heidelberg: S. 42, 43; Ullstein-Chromorange: S. 14; Autorinnenfoto Susanne Fiek: Marlies Klamp Titelbild: picture alliance/dpa. Eine Aufnahme der Alten Brücke, Ende der 50er-Jahre.

Unser ganz besonderer Dank für ihre Gesprächsbereitschaft und Unterstützung geht an die Herren Horst Hasselbach, Martin Hornig, Gustav Knauber, Fritz Hartmann, Elmar Fehser und Erich Miltner, sowie an Gladys E. Fischer MBE und Susanne Hofer von Lobenstein.
Ein großes Dankeschön auch an Herrn Günther Berger und das Team vom Heidelberger Stadtarchiv, Herrn Gerhard Genthner vom Stadtteilverein Handschuhsheim und die Mitarbeiter des Kreisarchivs Rhein-Neckar und des Archivs der Rhein-Neckar-Zeitung.
Und letztlich danken wir Claus Fiek und Dr. Peter Bilhöfer, die maßgeblich zum Gelingen dieses Buches beigetragen haben.

Susanne Fiek, Yvonne Schwegler

1. Auflage 2011
Alle Rechte vorbehalten, auch die des auszugsweisen Nachdrucks und der fotomechanischen Wiedergabe.
Layout: Attila Jo Ebersbach, Kassel
Satz: Schneider Professionell Design, Schlüchtern-Elm
Druck: Hoehl-Druck Medien + Service GmbH
Buchbinderische Verarbeitung: Buchbinderei Büge, Celle
© Wartberg Verlag GmbH & Co. KG
34281 Gudensberg-Gleichen, Im Wiesental 1
Telefon: 05603/93050 · www.wartberg-verlag.de
ISBN: 978-3-8313-2361-6

Inhalt

(S. F.) Susanne Fiek, (Y. S.) Yvonne Schwegler

Vorwort

„Wesch noch, wie …?"

Zum Leben und Atmen einer Stadt gehören die Geschichten und Anekdoten der Menschen vor Ort. Wir laden Sie ein zu einer Zeitreise in die vergangenen 50 Jahre der wechselvollen Geschichte unserer Stadt, ihrer Bewohner und Besucher. Nicht ohne ein gewisses Augenzwinkern begegnet der Leser dem Heidelberger „Knitz", dem verschmitzten Charakter der Kurpfälzer.

Wenn „die Leit" beisammehocke" und man „schwätzt" mit einander, hört man über kurz oder lang den Satz: „Wesch noch, wie …?" Unweigerlich folgen alte Heidelberger Geschichten, die nach wie vor aktuell sind, da sie gerne und immer wieder erzählt werden. Neu-Heidelberger können so ganz schnell einen Zugang zum Herzen und zur Seele unserer Stadt finden.

Manche der Geschichten fanden ihren Weg bis in die örtliche Rhein-Neckar-Zeitung, wie die über den letzten Pockenausbruch Deutschlands in den 1950er-Jahren oder die des „versetzten" Bunsendenkmals. Lange bevor der Berliner Reichstag von Christo verpackt wurde, war erst einmal „unser" Amerikahaus dran, und dass die Altstädter immer wieder nasse Füße beim Hochwasser bekommen, ist zwar eine Tatsache, aber was dabei so alles passieren kann … Lassen Sie sich überraschen!

Wer erinnert sich nicht an Miltners Aral Tankstelle in der Dossenheimer Landstraße, das Mekka für alle, „die wo" ihr Auto perfekt versorgt wissen wollten? Waren Sie nicht auch früher im „Hutzelwald" zum Kegeln? Und wissen Sie noch wie es war, als die Gänsegeier auf dem Schloss landeten?

Für Heidelberger zum Schwelgen, für Neu-Heidelberger zum Kennenlernen und für Nicht-Heidelberger zum „Anfüttern" entstand dieses Buch mit ganz viel Herz und Liebe zu unserer Stadt.

Der Aff' vom Schloss

Das Heidelberger Schloss, weltberühmt, romantisch, verwunschen und sagenumwoben, erzählt nicht nur Geschichten der Kurpfalz aus der Zeit des Heiligen Römischen Reiches Deutscher Nation, dem badischen Neubeginn und der Romantik, sondern auch von Heidelbergern, die mit „ihrem" Schloss ganz persönliche Erinnerungen verbinden.

Vielen Heidelbergern ist er noch bekannt, der Knauber, der kurz nach Ende des Zweiten Weltkriegs als Verwalter des Schlosses eingesetzt wurde und dieses Amt 20 Jahre innehatte. Er war Verwalter mit Leib und Seele und fühlte sich in der Ruine beinahe als deren Schlossherr. Die Wohnung, die er mit seiner Familie im „Soldatenbau" bezog, versah er mit allerlei technischen Raffinessen, wie zum Beispiel einem handbetriebenen Fahrstuhl in den Weinkeller.

Auf der südlichen Wallmauer des Schlosses, die sieben Meter dick ist, hatte er einen Kräutergarten angelegt und ein Affenhaus mit Fußbodenheizung gebaut, denn der Knauber war ein wahrer „Künschtler"!

Keiner wusste so recht, woher er diesen Rhesusaffen bekommen hatte, aber das war auch ganz egal. Denn wie schon von Perkeo, dem berühmten Zwerg und Hofnarren des Kurfürsten Karl Philipps aus dem 18. Jahrhundert, berichtet wird, war der Affe sein ständiger Begleiter und dem Knauber Freund und Kind zugleich. Er durfte abends mit in die Wohnung und war dabei, wenn Tagungen und Forschungsgespräche zur Erkundung des Heidelberger Schlosses in den Räumlichkeiten des Schlossverwalters stattfanden.

An einem dieser Tage dauerte die Tagung etwas länger, um genau zu sein, bis in die späte Nacht, wie sich einer der Teilnehmer erinnert. Man hatte sich über die vielen Stunden des Austauschs, der Debatten und der gegenseitigen Berichte nicht nur mit Kaffee und Wasser begnügt, sondern auch reichlich dem guten Kurpfälzer Wein zugesprochen. Die Stimmung wurde lauter und vergnügter, und wie aus heiterem Himmel sprang der Aff', der bis dahin auf einer Holzbank am Kamin gesessen war, plötzlich auf den Tisch, wirbelte herum und zerbrach dabei einige Gläser. Ohne lang zu überlegen, holte der Knauber aus und verpasste dem Affen eine Ohrfeige, dass dieser vom Tisch segelte und ziemlich „bedrippelt" aus der Wäsche schaute. „Der hot ihm ganz schä äni g'wischt …", berichtet der Teilnehmer.

Kaum hatte der Aff' sich berappelt, raste er durch das geöffnete Fenster auf die Wallmauer, an seinem Affenhaus vorbei direkt auf einen Baum, der beim Brückenhaus stand. Der Knauber und der Rest der „Forschungsgemeinschaft" rannten hinterher, gruppierten sich unter dem Baum und versuchten alles Mögliche, um den Affen herunterzulocken, aber selbst Bananen und gute Worte konnten das Tier nicht dazu bewegen, den Baum zu verlassen. Die anderen machten sich auf den Heimweg, der Knauber aber blieb unter dem Baum und verbrachte dort die restliche Nacht, in der Hoffnung, der Aff' werde ihm die Ohrfeige vergeben und runterklettern.

Weit gefehlt, am nächsten Morgen saß dieser immer noch hoch oben im Baum, sodass der Knauber beschloss, die Feuerwehr zu rufen. Als die anrückte, war die Anteilnahme der Schlossbesucher und Heidelberger bereits groß. Man beobachtete gespannt, wie die große Leiter ausgefahren wurde und ein Feuerwehrmann sich aufmachte, den Affen zu retten. Dem fiel jedoch nichts Besseres ein, als den Mann zu beißen und sich heftig gegen seine Rettung zur Wehr zu setzen. Die Feuerwehr rückte unverrichteter Dinge ab.

Ein zweiter Tag verging, der den inzwischen verzweifelten Knauber erneut unter dem Baum nächtigen ließ. Der nächste Morgen brachte den großen Schrecken, als er erwachte und seinen Affen tot neben sich liegen fand. Die Trauer um den Aff' vom Schloss war groß, die Geschichte wird heute noch erzählt und es heißt: „Es hätt' net viel gefehlt, und sie hätte uff' em Schloss Halbmast geflaggt!"

Rechts von Brückenhaus und Torturm der verdeckte Soldatenbau mit der ehemaligen Wohnung des Verwalters.

◾ Per Fallschirm ins Kriegsende

Mit dem Einmarsch der US-Armee am 30. März 1945 war in der Stadt Heidelberg der Zweite Weltkrieg zu Ende. Abgesehen von der völlig sinnlosen Sprengung der Neckarbrücken durch deutsche Pioniere, kam die Altstadt unzerstört davon. Die noch verbliebenen Repräsentanten des „Tausendjährigen Reichs" wurden abgesetzt oder gingen in Gefangenschaft, während sich die Amerikaner häuslich einrichteten. In diesen Tagen des Umbruchs – die Kapitulation Deutschland erfolgte erst am 8. Mai 1945 – waren noch Tausende von Heidelbergern, sei es als Verfolgte des NS-Regimes, zur Kinderlandverschickung, zumeist aber noch im Kriegseinsatz, fern der Heimat. Einer von ihnen war der knapp 28-jährige Bordmechaniker Fritz Gescheidle aus Ziegelhausen. Den Unteroffizier der Luftwaffe hatte es beim Rückzug mit seiner Einheit nach Oberösterreich verschlagen. Als im April 1945 das Ende absehbar war, trug sich der gelernte Kfz-Mechaniker mit dem Gedanken, heimzukehren. Die Verlegung auf den Flugplatz Aigen gab den Ausschlag. Während sich der Vorgesetzte als gebürtiger Salzburger in seine nur wenige Kilometer entfernte Heimatstadt absetzte, stand Gescheidle vor der Wahl, sich ebenfalls aus dem Staub zu machen oder auf die Gefangennahme durch die anrückenden Amerikaner zu warten.

Mit zwei Kameraden fasste er den nicht ganz ungefährlichen Plan, sich mit einem Flugzeug von seiner Einheit zu entfernen – und das ohne Starterlaubnis. Dazu bot sich die auf dem Flugfeld stehende Maschine des ehemaligen Luftflottenchefs vom Typ Heinkel He 111 an. Gescheidle entfernte alle Bordwaffen samt Munition und rüstete das Flugzeug mit mehreren Fallschirmen aus. Ein beim Funkersitz verstautes weißes Hemd sollte im Falle des Auftauchens feindlicher Flieger als „weiße Fahne" dienen. Am Nachmittag des 7. Mai 1945 rollte die Heinkel, geflo-

Ein Blick vom nördlichen Neckarufer auf die Alte Brücke, die kurz vor Kriegsende gesprengt worden war.

gen von Fritz Gscheidle mit seinen beiden Kameraden, auf die Startbahn. Um durch das Warmlaufen der beiden Motoren nicht die Flugplatzwachen auf sich aufmerksam zu machen, hatte der Ziegelhäuser das Motorenöl mit Benzin gemischt, was den sofortigen „Kaltstart" erlaubte. Unbehelligt von Wachen, Flak und gegnerischen Jägern ging der Flug nach Nordwesten. Über Heilbronn setzte sich Feldwebel Luers ans Steuer, Gscheidle kroch in die unten im Rumpf liegende Bodenwanne, um von dort über Ziegelhausen mit dem Fallschirm abzuspringen. Doch die Maschine geriet zu weit nach Westen, sodass Gscheidle nach eineinhalb Stunden Flug über Heidelberg-Handschuhsheim abspringen musste.

Hier waren gleich mehrere Schutzengel präsent. Zwar prallte er beim Ausstieg mit dem Kopf an das Leitwerk der Maschine, er blieb aber bei Bewusstsein und konnte den Fallschirm sicher öffnen. Ein kräftiger Westwind sorgte dafür, dass Gscheidle nicht mitten ins von den Amerikanern besetzte Heidelberg sprang, sondern ins Siebenmühlental abgetrieben wurde und südlich des Hohen Nistlers heil landete. Die Amerikaner hatten wohl nicht schlecht gestaunt, als die Maschine mit den deutschen Abzeichen über der Stadt erschien. Die Aktion hätte böse ausgehen können. In den Reihen der Alliierten machten Gerüchte von mit Fallschirmen abgesetzten Saboteuren und Agenten die Runde und Gscheidle trug zu diesem Zeitpunkt unter seiner Fliegerkombination immer noch eine Pistole. So hatten die Amerikaner schon an Ostern den Adlerwirt aus Ziegelhausen als mutmaßlichen „Werwolf" festgenommen, weil er seine Jagdflinte auf dem Rathaus abgeben wollte.

Nun startete ein Aufklärungsflugzeug in Richtung der mutmaßlichen Landestelle, ein Trupp GI's durchkämmte den Wald, doch die Suche blieb ergebnislos. Gscheidle hatte gleich nach seiner Landung den Fallschirm eingeholt und sich bis Einbruch der Dunkelheit im Walddickicht verborgen. Nachts zog er über den Mühlbach und den Drehscheibenweg Richtung Ziegelhausen, wo er am Morgen des 8. Mai 1945 ankam. Hier musste sich Gscheidle noch einige Zeit vor den Amerikanern in Acht nehmen – schließlich besaß er keine Entlassungspapiere.

Der dritte Mann an Bord der Heinkel hatte zuerst weniger Glück: Oberfeldwebel Borchers sprang über dem rheinischen Coesfeld ab, wo er von den englischen Soldaten in Empfang genommen wurde, aber nach wenigen Tagen nach Hause gehen konnte. Zuletzt stieg Feldwebel Luers bei Oldenburg in Ostfriesland unbehelligt aus. Die auf Autopilot gestellte Maschine verschwand über der Nordsee.

Wenige Tage nach seinem abenteuerlichen Flug holte Gscheidle das auf dem Weg nach Ziegelhausen in einem stillgelegten Steinbruch versteckte Gepäck nach Hause. Der Fallschirm, mit dem er in das Kriegsende gesprungen war, diente in der folgenden entbehrungsreichen Zeit als Materiallieferant für mehrerer Hemden und Blusen.

In das mitgenommene Fliegerbuch notierte der Ziegelhäuser nach über 60 000 Flugkilometern „Letzter Flug in die Heimat. In Heidelberg-Handschuhsheim springe ich mit Fallschirm ab. Der Krieg ist zu Ende".

Der Auswanderer

Über Jahrhunderte hinweg gab es für Menschen immer wieder die verschiedensten Beweggründe, ihre Heimat zu verlassen: Krieg, Armut, Hungersnöte, Glaubensfragen, aber auch die Flucht aus unerträglichen persönlichen Verhältnissen.

Nun, nennen wir ihn den Alois, ausgesprochen den „Allis", der kurz nach Ende des Zweiten Weltkrieges die Heidelberger Altstadt verließ, um in der Neuen Welt sein Glück zu suchen. Man munkelte von Spielschulden, Streit mit dem Vater, „krummen" Geschäften, einer in andere Umstände versetzte Liebschaft …, schließlich war es gleich, denn plötzlich er war weg. Die Gründe für das Verlassen der Heimat vor über 60 Jahren liegen bis heute im Dunkeln, und so kam es damals mit viel Fantasie und Mutmaßungen der Daheimgebliebenen zu den wildesten Spekulationen.

Umso größer war das Erstaunen über die plötzliche Heimkehr des Allis Ende der 50er-Jahre. Alte Fragen nach dem „Warum" wurden aktuell und diskutiert. Genauso groß aber war die brennende Neugier über das, was dem Auswanderer drüben in Amerika alles widerfahren sein könnte.

Noch heute erzählen alte Heidelberger von dem Tag, als alle im „Roten Ochsen" in der Hauptstraße bei Spengels zusammenkamen, um den Allis zu sehen und zu hören, was er zu berichten hatte. Tausend gefühlte Fragen prasselten auf ihn ein: „Verzähl' doch ämol …", „Wie war denn des, als …" und so weiter.

Auf die Frage: „Hosch en Haus do driwwe?", antwortete er: „Oh, very …", wurde aber sofort mit dem Ausruf unterbrochen: „Ach Gott, der schwätzt ja nur noch Englisch!"

Ein anderer rief dazwischen: „Was verdienschten so?" Wieder setzte der Allis zur Antwort an: „Oh very …", nur um durch weitere Fragen von der Antwort abgehalten zu werden: „Hosch a g'heiat?" „Hosch Kinna?" „Hosch en Sparbuch mit Dollars?"

Endlich hielt es einer der Neugierigen nicht mehr aus und brüllte laut in die Runde: „Jetzt losst en doch halt ä mol ausredde!"

Es war ganz still in dem „Roten Ochsen", als der Allis tief Luft holte und mit einem Seufzer vom Grunde seiner Seele sagte: „Oh very ... doch dahäm gebliwwe!"

Die Gänsegeier
vom Heidelberger Schloss

Mit einer Flügelspannweite von bis zu 2,50 m und einer Länge von über einem Meter bringen Gänsegeier bis zu acht Kilogramm auf die Waage. Heute nur noch in Süd- und Osteuropa sowie in Nordafrika und Teilen Asiens zu finden, waren sie im Mittelalter gelegentlich sogar in Deutschland anzutreffen.

„Auf unserem Hausgiebel sitzt ein Geier". Mit diesen Worten rief eine aufgeregte Heidelbergerin am 14. Januar 1980 bei einer hiesigen Zeitungsredaktion an und war ziemlich ratlos. Der ausgewachsene Gänsegeier zog anschließend seine Runden über dem Peterstal, um sich dann am Büchsenackerhang an einem wärmenden Schornstein niederzulassen.

Das Rätsel um die Herkunft des Gänsegeiers war schneller gelöst als gedacht. Am Tag zuvor waren nämlich insgesamt fünf Gänsegeier aus der Greifvogelwarte Burg Guttenberg am Neckar nicht in ihren heimischen Hort zurückgekehrt. Von November bis März dürfen diese dort frei am Himmel ihre Bahnen ziehen, wobei sich einige gelegentlich verfliegen. Waren im Winter zuvor heftige Schneefälle die Ursache, so lag es im Januar 1980 an einem ungewöhnlich starken Ostwind, der die Raubvögel das Neckartal hinab nach Heidelberg trieb.

Als es einen der Ausreißer ins Heidelberger Schloss verschlug, staunten die Besucher der berühmtesten Ruine der Welt wohl nicht schlecht. Der imponierende Greifvogel ließ sich auf dem großen Altan nieder, blieb über zwei Stunden auf der Brüstung sitzen und putzte sich gemächlich. Wie ein Lauffeuer verbreitete sich die Nachricht von dem ungewöhnlichen Schlossbesucher. Zahlreiche Schaulustige drängten sich trotz des winterlichen Wetters, um den gefiederten Gast zu bestaunen. Doch die Schlossver-

Gänsegeier rasten gerne auf Felsformationen. Da darf es schon auch mal das Heidelberger Schloss sein.

waltung handelte schnell und sperrte den Altan ab. Nur in gebührender Entfernung durften die entzückten Touristen Fotos von dem Riesenvogel machen. Die Erleichterung der Schlossverwaltung war groß, als man vernahm, dass Mitarbeiter der Greifvogelwarte den ausgerückten Schützling bald abholen würden. Die Vogelexperten gingen jedoch zunächst Hinweisen der Bevölkerung nach, nach denen sie weitere Artgenossen in der Nähe von Neckargerach wähnten, gut zwei Stunden von Heidelberg entfernt. Das Eintreffen der „Jäger" verzögerte sich. In der Zwischenzeit erhob sich der Greifvogel majestätisch in die Lüfte und umkreiste mehrfach die Schlossanlage, bevor er dort wieder in einem Mauervorsprung sein Nachtquartier nahm. Da der Gänsegeier ein Tagvogel ist und es bereits dämmerte, ließ man den Vogel wo er war und das Heidelberger Schloss bekam den wohl ungewöhnlichsten Übernachtungsgast. Am nächsten Morgen konnte der Ausreißer eingefangen werden und wurde nach Burg Guttenberg zurückgebracht.

Besuch aus Fernost

Dass es manchmal erstens anders kommen kann und zweitens als man denkt, passiert drittens viel öfter als man vermutet. Aber dass man gleich so danebenliegen kann, und das im wahrsten Sinne des Wortes, das kann eigentlich nur in einem Ort wie Handschuhsheim geschehen, in dem man zu einer Erdbeere nicht Erdbeere sondern Ananas sagt.

Wir schreiben das Jahr 1971. Wenn man vom Bismarckplatz nach Handschuhsheim möchte, fährt man zunächst durch die Brückenstraße, über die Handschuhsheimer Landstraße in die Steubenstraße, vorbei an der St. Vituskirche, der ältesten Kirche Heidelbergs, und stößt mitten ins Handschuhsheimer Herz direkt auf die Tiefburg.

Von der Mannheimer Autobahn kommend musste man zur damaligen Zeit, um nach Handschuhsheim zu kommen, über das Heidelberger Kreuz Richtung Stadt fahren, dann über die Ernst-Waltz-Brücke durch die Berliner Straße bis zum Hans-Thoma-Platz und schließlich rechts in die Dossenheimer Landstraße abbiegen, dann war man in „Hendesse" angekommen – wenn man denn wirklich dorthin wollte … Klingt kompliziert? Ist es auch!

Der Verwalter der Ruine der alten Wasserburg Tiefburg, der Joschte Schorsch, staunte nicht schlecht und rieb sich „die Glotzbeck", als er auf den Parkplatz vor dem Handschuhsheimer Wahrzeichen einen Reisebus der Gesellschaft „Touring" einbiegen sah. Der Fahrer hielt an und versuchte, das große Gefährt zwischen den dort geparkten Anwohnerautos zu platzieren. Die Tür öffnete sich und exakt 32 japanische Touristen stiegen aus dem Bus, die Fotoapparate bereits in der Hand, und begannen die Tiefburg zu fotografieren. Von einem Reiseleiter war weit und breit nichts zu sehen, nur der Fahrer bemühte sich in seinem allerbesten Englisch, auf das schöne „Kästel" hinzuweisen.

Der Schorsch öffnete das große hölzerne mit Eisen beschlagene Tor, ging über die Brücke, die von der Burg über den ehemaligen Wassergraben zum Parkplatz führt, und fragte, ob er behilflich sein könne.

Der Fahrer war etwas nervös, denn, so erklärte er dem Verwalter, die Gruppe hatte vorher das Mannheimer Barockschlosses besichtigt und war etwas enttäuscht darüber, dass die Führung verhältnismäßig kurz ausfiel. Offenbar hatte ihnen im Vorfeld niemand erzählt, dass das Schloss im Zweiten Weltkrieg bei einem Bombenangriff weitgehend zerstört worden war. Darum, so der Fahrer weiter, habe man sich früher als geplant entschlossen die Reise nach Heidelberg fortzusetzen.

Ja, jetzt waren sie da, die Japaner, und da es wahrlich nicht allzu oft vorkam – um ehrlich zu sein, war es überhaupt das erste Mal –, dass eine so große Gruppe japanischer Touristen die Tiefburg besichtigen wollte, bot der Schorsch sofort an, die Gäste aus Fernost fachmännisch zu führen und die Geschichte in ihrer ganzen epischen Breite vor ihnen aufzufächern. Was für ein Tag!

Angefangen von der ersten urkundlichen Erwähnung Handschuhsheims im Lorscher Codex bis zur Entstehung der Wasserburg im 12. Jahrhundert über den dramaturgischen Höhepunkt, als die Franzosen im Pfälzisch-Orléanschen Erbfolgekrieg alles „kaputt geschlagen" haben – der Schorsch konnte aus dem Vollen schöpfen. Profunde Geschichtskenntnisse vorgetragen in perfektem „Hendsemer" Englisch in der unschlagbaren Kulisse der geliebten Tiefburg sorgten für einen brillanten Auftritt, an den sich die Gäste und der zur Höchstform aufgelaufene Joschte Schorsch noch lange erinnern sollten!

Der Anblick der stehenden Rüstung eines eingemauerten Ritters, der 200 Jahre zuvor im südöstlichen Teil der Burg in einer Mauernische entdeckt worden war, jagte den Japanern Schauer über die Rücken. Man wisse nicht, wer denn dieses furchtbare Schicksal hatte erleiden müssen, ein Held, ein Märtyrer oder schlichtweg ein von der Rache eines gehörnten Ehemannes nicht Verschonter – die Knochen vor der Rüstung untermauerten eindrucksvoll die Erzählung des Burgverwalters (Die hatte man sich übrigens vor einiger Zeit im Zoo von einem toten Esel besorgt ...). Erst als die Führung nach über einer Stunde im Kellergewölbe angekommen war, kam die zaghafte Frage auf, wo denn nun das Große Fass mit dem kleinen Zwerg zu sehen sei.

Die Handschuhsheimer Tiefburg aus dem 12. Jahrhundert, hier ein Foto von 1968.

Der Schorsch nahm seine ganze Würde zusammen und meinte, wenn die Besucher lieber etwas Profanes und Banales sehen wollten, dann müssten sie eben etwas weiter südlich zu der Ruine auf dem Jettenbühl fahren! Zu erklären gibt es hier wohl nicht viel: Die Japaner waren versehentlich in der Handschuhsheimer Tiefburg gelandet statt wie geplant auf der weltberühmten Ruine des Heidelberger Schlosses. Es folgte ein höflicher Abschied mit 32 Verbeugungen und der Auftritt war beendet.

Schorsch beendete den Tag, verschloss das große Tor an „seiner" Tiefburg und fuhr heim in die Wohnung in der Zeppelinstraße. Gegen Abend läutete es an der Tür, er öffnete und es war kein Déjà-vu, als er einen Bus der „Touring" mit 32 fröhlich winkenden Japanern vor seinem Haus stehen sah. Die Gruppe war nach seiner beeindruckenden Führung durch die Tiefburg weiter nach Heidelberg gefahren, um dort, wie eigentlich geplant, an einer Führung durch das Schloss teilzunehmen.

Es ist nicht überliefert warum, aber trotz der beeindruckenden Ruine war man von der Führung in Heidelberg beinahe enttäuscht und sprach ausschließlich von dem wunderbaren „Kästel" in Handschuhsheim. Die dankbare Gruppe sammelte untereinander und bestand darauf, dem Joschte Schorsch einen Umschlag mit einem schönen dicken Trinkgeld als Dank auf dem Rückweg vorbeizubringen. Nachdem die Tiefburg aber bereits verschlossen war, läutete der Busfahrer bei einem Haus vis à vis und erhielt die Auskunft, wo der Schorsch wohne. So kam es, dass ein zweites Mal an diesem Tag eine Reisegruppe aus Fernost durch die engen Straßen von Handschuhsheim chauffiert wurde.

„Den Dag werd isch mein Lebdag net vergesse!", resümierte der Joschte Schorsch beim nächsten Stammtisch.

Der intelligente Erpresser

Es ist der 27. September 1958, als Heidelberg einen der größten Polizeieinsätze seiner Geschichte erlebt. Das Ziel dieser großen Aktion, an der rund 400 Polizisten beteiligt waren, galt einem gefährlichen Erpresser. Dieser hatte in den Wochen zuvor mehrere Persönlichkeiten aus der Region um größere Geldbeträge zu erleichtern versucht. Sein letztes Opfer war Generaldirektor Hubert H. A. Stemberg, vom dem er 50 000 D-Mark forderte. Das Geld sollte Stemberg dem Verbrecher am Samstag, dem 27. September, um genau 9 Uhr abends an einem Gartenzaun an der Speyerer Straße aushändigen. Er sollte es in eine alte Aktentasche packen, mit dem Auto zum Übergabeort fahren, nach dem Ablegen der Tasche sofort die Hupe seines Wagens betätigen und anschließend das Weite suchen. Im Falle der Weigerung drohte der Erpresser, sein Opfer mit einem Bauchschuss niederzustrecken. Womit der Verbrecher allerdings nicht gerechnet hatte – der Generaldirektor verständigte umgehend die Polizei! Schließlich war Stemberg erst gut zwei Wochen zuvor zum ersten Mal von einem Erpresser als Opfer auserkoren worden. Dieser hatte ihn um 7.45 Uhr morgens in seiner Garage am Philosophenweg erwartet. Mit vorgehaltener Pistole stellte der Erpresser seinem potenziellen Opfer die Frage: „Sind Sie Direktor Stemberg?" Dieser bewies allerdings Geistesgegenwart und erwiderte, sein Name sei „Müller" und er sei „Oberförster". Herbert H. senkte die Pistole und schien sein Opfer nicht zu erkennen, obwohl er doch zwei Jahre zuvor bei der Heidelberger Schnellpressenfabrik AG, deren Generaldirektor Stemberg war, gearbeitet hatte. Wie auch immer, es kam zu einem längeren Gespräch, in dem Herbert H. den Generaldirektor bat, ihn mit in die Stadt zu nehmen. Dort trennten sich ihre Wege. Der von Stemberg führte direkt zur Polizei, wo er Anzeige erstattete.

Mit dem nachweislich zweiten Versuch des Erpressers an ein und demselben Mann entschloss man sich, unter Hinzuziehung der benachbarten Landespolizeikommissariate, ein gewaltiges Polizeiaufgebot zu entsenden. Die Leitung übernahm Polizeidirektor und Oberregierungsrat Walter Max höchstpersönlich. Während rund 100 Kriminalbeamte den verabredeten Ort und die nähere Umgebung überwachten, hatte die Schutzpolizei mit rund 300 Mann den äußeren Ring um den Treffpunkt geschlossen. Manche der Kripobeamten vor Ort waren als Pärchen getarnt, während andere in den Schrebergärten am Boden kauerten und über zwei Stunden darauf warteten, dass sich etwas ereignete.

Um 9 Uhr erschien Stemberg mit seinem Auto, legte die Aktentasche am Gartenzaun ab, betätigte die Hupe und fuhr davon. Die anwesende Polizei wartete nun gespannt ab, was passieren würde. Und in der Tat, wenige Minuten später zog ein Radfahrer langsam vorbei und wendete. Er platzierte einen Fußtritt gegen die Aktentasche, bückte sich und griff zu. Keine dreißig Zentimeter entfernt lagen vier Kriminalisten im Dunkeln, die das laute Atmen bis auf Weiteres eingestellt hatten. Mit der Freude des Erpressers war es vorbei, nachdem er die Tasche geöffnet und mit den Händen in den Banknoten zu wühlen begonnen hatte. Nach zwei Minuten löste er seinen Blick zum ersten Mal vom Geld und starrte in die Mündungen von vier Pistolen. Es war geschafft! Der Heidelberger Polizei war es gelungen, den Erpresser dingfest zu machen. Bereits um 21.32 Uhr befand sich der als Herbert H. identifizierte Tatverdächtige in der Polizeidirektion und wurde von erfahrenen Beamten vernommen.

Zwar leugnete er zuerst seine Tat, aber bereits um 22 Uhr legte er ein umfassendes Geständnis ab. Zwei weitere Erpressungsversuche konnten nun aufgeklärt werden. Die Kripo durchsuchte das möblierte Zimmer des Kriminellen in einem Haus am Oftersheimer Weg, wo er sich als Knecht getarnt eingemietet hatte. Da er auch noch Tagebuch führte, war es für die Justiz umso leichter, Anklage zu erheben. Neben dem Tagebuch stießen die Polizisten auf Pistolenmunition, allein eine Waffe ließ sich nicht finden.

Durch die Einfalt des Täters kam im Zuge seiner Verhaftung ein weiteres Verbrechen zu Tage. Am 21. September 1958 war er in eine Villa in Baden-Baden eingestiegen und traf dort auf Mutter und Tochter des Hauses. Er zwang die beiden, sich ins Bett zu legen, erzählte ihnen seinen Lebenslauf und schloss mit der Feststellung, dass er Geld brauche. Die beiden hatten allerdings nur 40 D-Mark im Haus. Während seiner Erzählungen berichtete er beiden Damen, dass er kurz zuvor auf einer Parkbank von der Polizei kontrolliert worden war. Da es sich aber um eine Routinekontrolle handelte, nahmen die Beamten zwar seine Personalien auf, schöpften aber sonst keinen Verdacht.

Mithilfe einer der größten Polizeiaktionen in der Geschichte Heidelbergs konnte also einer der „intelligentesten" Ganoven der Stadt festgenommen werden!

Heidelberg – very British!

Nach dem Ende des Zweiten Weltkrieges verschlug es die junge Engländerin Glady Fischer, geborene Munday, nach Heidelberg. Sie sollte das Bildungswesen der Stadt in den nächsten Jahrzehnten entscheidend beeinflussen.

1938 hatte Gladys Munday sich in ihrer Heimatstadt Oxford in den gut aussehenden charmanten Deutschen Dr. Karl-Friedrich Fischer verliebt. An den historischen Satz des britischen Premierministers Neville Chamberlain: „I believe it is peace in our time", glaubte nicht nur das junge Paar. Sie heirateten im darauffolgenden Jahr und gingen gemeinsam nach Karlsbad, wo in den Jahren 1941 und 1942 die beiden Töchter Susan und Ellis geboren wurden. Kurz vor Kriegsende geriet Karl-Friedrich Fischer in Gefangenschaft und seine Familie war allein als 1945 die amerikanische und die russische Armee in Karlsbad einmarschierten. Die Russen blieben, und als die Amerikaner Karlsbad nach kurzer Zeit verließen, schloss sich Gladys Fischer mit ihren beiden kleinen Mädchen ihnen an. Das Ziel war Heidelberg, die Heimatstadt von Karl-Friedrich Fischer.

Während Gladys diesen grauenvollen Krieg miterlebt hatte, entstand in ihrem Kopf ein Gedanke, der sie nicht mehr losließ: „Had people been able to understand each other war might not have broken out!" Hätten die Menschen sich verstehen können, wäre der Krieg vielleicht nicht ausgebrochen!

Als die Amerikaner ihr Hauptquartier in Heidelberg einrichteten, musste, davon war Gladys Fischer überzeugt, gewährleistet werden, dass Deutsche und Amerikaner sich verständigen können. Sie beantragte bei der amerikanischen Militärregierung die Eröffnung einer „Sprachschule für Englisch". Bereits im Juli 1945 erhielt sie die Genehmigung und der Schulbetrieb konnte beginnen. In der Handschuhsheimer Landstraße in Neuenheim fand

MILITARY GOVERNMENT – GERMANY
DETACHMENT 12 E 2
U. S. ARMY

11 July 1945

Mrs. Gladys E. Fischer
20 Werderstrasse
Heidelberg.

Madam:

Your request to open a private langauge school has been forwarded to and approved by Major Powhide of the North Baden Regional Military Government headquarters.

You are hereby authorized to conduct your school under the provisions set forth in your letter of 5 July 1945.

E. H. HASKELL
Captain, F. A.,
Military Govt O.
Commanding.

Genehmigung der Amerikanischen Militärregierung zur Eröffnung einer Sprachenschule.

der erste Unterricht statt und quasi eher „zufällig", wie Gladys berichtete, kamen noch andere Fächer hinzu. Dr. Karl-Friedrich Fischer war im gleichen Jahr aus der Kriegsgefangenschaft zurückgekehrt und führte ab diesem Zeitpunkt gemeinsam mit seiner Frau die Schule. Ab 1946 gab es nicht nur die private Sprachen- und Dolmetscherschule, sondern auch ein privates Realgymnasium. Kurz nach der Neuordnung des Oberschulamtes in Karlsruhe erhielt das Englische Institut, wie der Gesamtkomplex nun hieß, 1947 die staatliche Anerkennung und die Genehmigung, die Reifeprüfung abzuhalten. 1951 gründeten die Fischers in Neuenheim am Neckar ein zur Schule gehörendes Internat, um den Schülern, die durch den Krieg Eltern und ihr Heim verloren haben, ein Zuhause zu geben.

Bald platzte die alte Schule mit der stetig wachsenden Anzahl an Schülern aus allen Nähten, und man suchte nach neuen Räumlichkeiten. In der Rohrbacher Rheinstraße, nahe dem amerikanischen Hauptquartier in der Römerstraße, fand man das geeignete Grundstück, und 1954, nach Fertigstellung des Neubaus, zog das „EI", wie es inzwischen genannt wurde, um.

Im gleichen Jahr eröffneten die Fischers in der englischen Heimat von Gladys die Oxford Academy of Eng-

Dr. Fischer bei der Planung des Anbaus.

lish, in der sie den Schülern der Dolmetscherschule die Möglichkeit geben wollten, ihre erworbenen Sprachkenntnisse in England zu vertiefen. Schnell entwickelte sich die Oxford Academy zu einer internationalen Sprachschule, die Schüler aus aller Welt besuchten, um Englisch zu lernen. Ganz im Sinne von Gladys Fischer, wurde doch damit der internationale Austausch gefördert!

Als Karl-Friedrich Fischer 1971 starb, musste sich die Witwe entscheiden. Wollte und konnte sie den Schulen weiter vorstehen? Sie fand Rückhalt und Unterstützung, bei allen Mitarbeitern des EI, das gab ihr Kraft und zeigte: das EI ist eine große Familie!

Tausende von Heidelberger Kindern besuchten seit 1945 die Schule und machten dort ihr Abitur. Selbst die, die nur ein paar Jahre dort waren, sind „ihrer" Schule verbunden, was zu einem ganz großen Teil auf die Persönlichkeit von

Das neue Schulgebäude in der Rheinstraße, 1954

Gladys E. Fischer teaching.

Gladys Fischer zurückzuführen ist. Ihr Engagement für die Verständigung, ihre Liebe zur Stadt und ihr wunderbarer englischer Akzent – all das macht sie zu einem Stück England in Heidelberg. Anlässlich des 50-jährigen Bestehens der Schule kamen viele Ehemalige, um Gladys Fischer zu sehen und sich mit ihr zu unterhalten.

Eine ehemalige Schülerin gestand ihr auf Englisch: „Mrs Fischer, I am afraid I acquired a bit of an American accent since I left school ...", Mrs Fischer, ich befürchte, ich habe, seit ich die Schule verlassen habe, einen leicht amerikanischen Akzent angenommen, worauf diese ihr beruhigend die Hand auf den Arm legte und very British antwortete: „Don't you worry, dear, you can always get rid of that!", mach' dir keine Sorgen, Liebes, den kannst du immer wieder loswerden!

Im Jahre 2000, zu ihrem 86. Geburtstag, erhielt Gladys Fischer aus den Händen von Königin Elizabeth II. von England den Orden „Member of the British Empire" wegen ihrer „services to the English-speaking community, Heidelberg, Germany", für ihre Verdienste um die englischsprachige Bevölkerung Heidelbergs.

What an extraordinary person she is, indeed! Gladys E. Fischer, MBE, verstarb am 4. August 2011 im Alter von 97 Jahren.

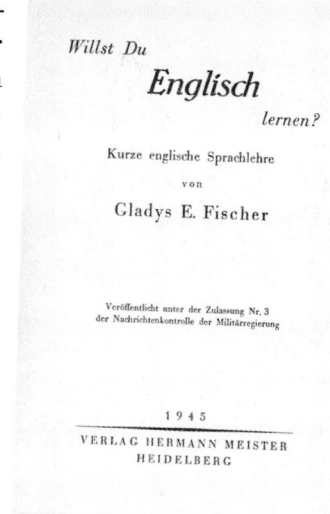

Willst Du

Englisch

lernen?

Kurze englische Sprachlehre

von

Gladys E. Fischer

Veröffentlicht unter der Zulassung Nr. 3 der Nachrichtenkontrolle der Militärregierung

1945

VERLAG HERMANN MEISTER
HEIDELBERG

Wenn Rache stinkt –
der Brand im Hutzelwald, 2. Akt ...

Geografisch betrachtet ist der Hutzelwald ein alter Ge-
wann-Name für das Waldgebiet, das sich oberhalb der
Gaisbergstraße hin bis zu der Höhe des Gaisbergs, dem
westlichen Ausläufer des Königstuhls, erstreckt und in
früheren Zeiten mit Laubbäumen und Kiefern bewach-
sen war. Im Volksmund heißen die Kiefernzapfen „Hut-
zeln", und so erklärt sich der Name dieses Waldteiles.

In der Zeit des Biedermeier und der badischen Revolu-
tion ereignete sich ein Feuer im Hutzelwald. Als der
trockene Wald zu brennen begann, gerieten die Heidelberger Ratsherren durch die Schreckensnachricht „Der
städtische Hutzelwald brennt lichterloh" dermaßen aus
der Fassung, dass niemand imstande war, den Befehl zum
Löschen zu erteilen. Die Erlösung brachte schließlich ein
schwerer Gewitterregen ...

Der Heidelberger Mundartdichter Gottfried Nadler berichtet auf humorvolle Weise um das Jahr 1846 von den
Geschehnissen und Verwirrungen um diesen Brand.

In der Neuzeit erlebte der Hutzelwald ein neuerliches

*„Der Brand im Hutzelwald", Ölgemälde aus dem Restaurant
Hutzelwald.*

Feuer, genauer das Gasthaus „Zum Hutzelwald". 1962 hielt ein Kegelclub von Weststädtern und Gaisberglern einen seiner wöchentlichen Kegelabende im historischen Gasthaus „Zum Hutzelwald" in der Gaisbergstraße ab. Den Berichten zufolge hatte man schon gut „inhaliert", und als das Kegeln gegen 23 Uhr beendet war, wollte der Müller (Name nicht geändert!) alle zehn Kegelbrüder zum Schnitzelessen einladen. Der Wirt, der kurze Keinert, der die Küche bereits geputzt hatte und das Lokal endlich schließen wollte, hatte weder Lust, noch mal mit dem Braten zu beginnen, noch wollte er die weinseligen Kegelbrüder weiter bewirten. Mit dem Satz: „Isch des ä Wertschaft oder ä Spielhall?" setzte er die Weststädter Kegler kurzerhand vor die Tür. Erbost und voller Zorn auf den Keinert zogen die um ihre Schnitzel Gebrachten davon und sannen auf Rache …

In der auf die Schnitzelschmach folgenden Woche traf man sich wieder zum Kegeln, tat so als sei der Vorfall vergessen und verabschiedete sich am Abend vom Keinert. Heimlich jedoch hatte der Müller einen mitgebrachten Odenwälder Handkäs' ganz hinten in der Ofenklappe des Kachelofens platziert. Schon am nächsten Morgen, als der Ofen wieder befeuert wurde, machte sich ein höllischer Gestank in dem Raum breit, von dem die, die ihn rochen, heute noch erzählen: „Des hot g'stunke wie'd Sau".

Die Gastwirtschaft war nicht mehr zu betreten und Handwerker des Heinsteinwerks mussten anrücken, um nach der Ursache des offensichtlich aus dem Ofen stammenden bestialischen Gestanks zu forschen. Nach kurzer Suche war das Übel entdeckt und die verdreckten Teile des Ofens konnten ausgetauscht werden. Über die Kosten dieser Aktion verlor der Keinert kein Wort, ihm war jedoch schnell klar, wer ihm diese Misere eingebrockt hatte: der Müller und die „Weststadtmafia". Der Wirt fackelte nicht lange: es gab ein Lokalverbot, das bis zu seinem Tode galt.

Der letzte Pockenausbruch Deutschlands

Alles begann Ende 1958 mit einer verhängnisvollen Reise des Arztes Josef Krump nach Indien. In Südasien galt 1958 als ein „Pockenjahr". Im benachbarten Pakistan, dem Herd der Epidemie, starben Anfang Juni rund 15 000 Menschen, die an Pocken erkrankt waren. Für den Arzt Krump stellte sich bis zuletzt die Frage einer Impfung. Zwar war er als Kind zweimal geimpft worden, aber etwaige Komplikationen hielten ihn von einer Wiederholung dieser Schutzmaßnahme ab.

Es kam, wie es vielleicht kommen musste: Am Ende der Reise, in Ceylon, fühlte er sich krank und bekam Fieber. Krump trat trotzdem Anfang Dezember 1958 die Heimreise an. In Heidelberg angekommen, schien eine leichte Besserung einzutreten. Vorsichtshalber legte er aber seine schmutzige Wäsche nicht in seine Wohnung, sondern auf den Balkon, woran sich später seine Putzfrau infizieren sollte. Pocken sind eine heimtückische Erkrankung. Der Ge-

Pockenalarm: Die Schutzimpfungen 1958/1959 fanden in Amtsgebäuden, Schulen und Turnhallen statt.

lehrte und neapolitanische Kinderarzt Sarcone schrieb vor über 200 Jahren darüber: „Die Krankheit trotzt noch heutzutage den Bemühungen der Ärzte. Sie ist jetzo noch ebenso tückisch als zu den Zeiten der Araber, die uns die erste Beschreibung davon hinterließen."

Am Freitag, den 5. Dezember 1958, ging Dr. Krump, obwohl er sich noch nicht gesund fühlte, in die Ludolf-Krehl-Klinik, um seinen Dienst anzutreten. Auf dem Weg zum Labor begrüßte er eine bettlägerige Patientin mit Handschlag, sie war später eine der ersten Pockenopfer. Gegenüber seinen Mitarbeitern bagatellisierte der Arzt seine Symptome, wie die Pusteln im Gesicht und den stark geröteten Rachen. Erst auf Anraten einiger Kol-

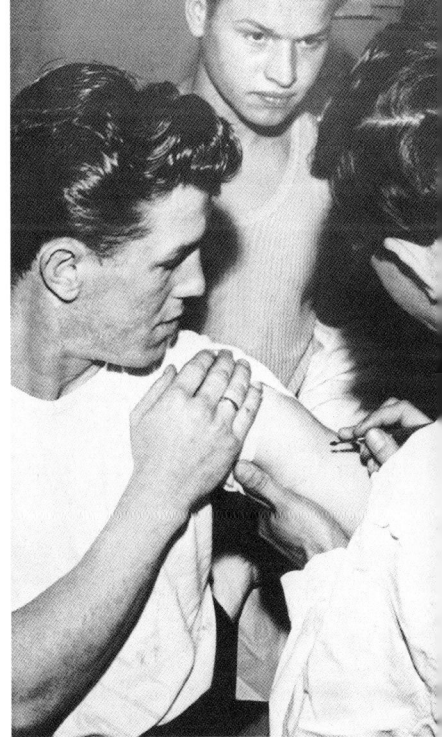

legen begab er sich in die Hautklinik, in dem Glauben, unter Moskitostichen zu leiden.

Professor Schönfeld, der Chef der Hautklinik, hatte zwar sofort den Verdacht auf Pockenerkrankung, aber es kam leider zu einem folgenschweren Missverständnis. Schönfeld verhörte sich und glaubte, der Urlaubsort seines Patienten sei Zypern gewesen, ein Ort, an dem die Pockenkrankheit nicht grassierte, so wie in Ceylon.

Mehr als 20 000 Heidelberger folgten dem Aufruf zur Schutzimpfung.

Er empfahl seinem Kollegen zwar, sich vorsichtshalber auf der Infektionsabteilung der Ludolf-Krehl-Klinik isolieren zu lassen und am nächsten Tag wiederzukommen, allerdings unterließ man es, alle anderen Kontaktpersonen des Arztes vorsorglich zu impfen. Krump äußerte gegenüber seinen Kollegen, dass er niemanden anstecken könnte. Er begab sich zwar auf die Isolierstation, war dort aber nur nachts anzutreffen, tagsüber arbeitete er in seinem Büro. Um dorthin zu gelangen, musste er durch einen unterirdischen Verbindungsgang, der auch zum Transport von Essen und Patienten benutzt wurde. Die Tage vergingen. Erst am 8. Dezember 1958 erging die Meldung auf den Verdacht einer Pockenerkrankung an das zuständige Gesundheitsamt. Bezeichnenderweise dauerte es ganze vier Tage, bis die Meldung dort ankam, obwohl die räumliche Entfernung beider Institutionen nur einige Hundert Meter betrug. Das Gesundheitsamt sah zunächst keinen Grund, tätig zu werden. Erst als sich bereits neun Menschen angesteckt hatten, gab man einige Tage später Pockenalarm. Die Betroffenen waren eine Sekretärin, ein Pförtner, eine Putzfrau, ein Krankenhausfriseur, eine Patientin, zwei Ärzte und zwei Ärztinnen, von denen eine später der Krankheit erlag.

Im Stadtteil Kirchheim, dem Wohnort Dr. Krumps, fuhr die Polizei mit Lautsprecherwagen durch die Straßen und forderte die Kontaktpersonen des Arztes und seiner Putzfrau auf, sich impfen zu lassen. Am Ende des Jahres waren es über 25 000 Personen, die sich vorsichtshalber impfen ließen. Über die Ludolf-Krehl-Klinik verhängten die Behörden eine Quarantäne. So verbrachten 416 Personen die Weihnachtsfeiertage 1958 eingeschlossen im Krankenhaus, in zwei weiteren Quarantänestationen blieben 70 Menschen isoliert. Aber offensichtlich wurden die Quarantänemaßnahmen nicht streng überwacht und durch ein Fenster des abgesperrten Krankenhauses fand ein lebhafter Handel statt. Heidelberger Zeitungen be-

*Quarantäne: Ein Polizist vor der
Ludolf-Krehl-Klinik.*

richteten von einer Belage-
rung der Klinik und dass es
ein ständiges Händeschüt-
teln zwischen Personal, Patienten und Zaungästen gäbe.
An Heiligabend wurde es
der Polizei zu viel und die
Ordnungshüter sperrten die
Quarantänestation herme-
tisch ab. Als die Bevölkerung
am 25. Dezember erneut
versuchte, mit den Isolier-
ten Kontakt aufzunehmen,
konnte die Blockade nur
noch mithilfe eines herbeige-
rufenen Sonderkommandos
der Polizei aufrechterhalten
werden. Es dauerte bis zum Februar 1959, bis die letzten
beiden Infizierten entlassen wurden. Neben zahlreichen
Ansteckungen waren leider auch zwei Todesopfer zu be-
klagen.

Nach dem Abklingen der Epidemie hatten viele Heidelberger Angst vor den Pocken. Es folgte eine Flut ver-
meintlicher Pockenmeldungen an die Gesundheitsbe-
hörden, die sich in der Regel als Fälle von Windpocken
herausstellten.

Im Februar 1962 kam es zum Prozess gegen Dr. Krump,
der wegen fahrlässiger Körperverletzung mit Todesfolge
zu vier Monaten Gefängnis auf Bewährung und zu einer
Geldstrafe von 1000 D-Mark verurteilt wurde. Die weitaus schlimmere Bestrafung war aber die Ablehnung seiner Habilitation, an der der Mediziner schon über zehn
Jahre gearbeitet hatte.

Der Hendsemer Löb –
die wahre Geschichte ...

Einen echten Einblick in die Volksseele gewährt die Geschichte vom Hendsemer Löb. Eine Mär aus vergangenen Zeiten, von der man gehofft hatte, sie würde bald vergessen sein. Dummerweise war es weder eine Mär noch wurde sie vergessen. Der genaue Zeitpunkt dieser Begebenheit ist nicht mehr so genau zu ermitteln, und so kommt es, dass manche Quellen das Ereignis dem Ende des 19. Jahrhunderts zuordnen, andere wiederum es in den ersten Jahren des 20. Jahrhunderts ansiedeln.

Ein Zirkus, es soll der „Sarrazani" gewesen sein, gastierte auf dem alten Heidelberger Messplatz an der Speyerer Straße, und als eines Tages während des Gastspiels in großen Lettern in der Zeitung zu lesen stand: „Vorsicht Heidelberger Bürger – im Sarrazani ist ein Löwe ausgebrochen!", brach, zumindest was die Hendsemer Bauern auf ihren Äckern betraf, eine Panik aus. (Ergänzend muss erwähnt werden, dass andere Quellen davon berichten, der Löwe sei aus dem Zoo ausgebrochen und nicht etwa aus dem Zirkus, aber das ist für Geschichte an sich völlig gleich.)

Also, ein Löwe bewegte sich frei in Heidelberg und das war ungeheuerlich. Der Friedel aus Hendesse machte sich mit seinem Pferdefuhrwerk auf den Weg zu den Äckern und Feldern, um die „Leit", die bei der Arbeit waren, über die Meldung in der Zeitung zu informieren und natürlich vor dem gefräßigen Raubtier zu warnen: „Der Löb isch ausgebroche!"

Es herrschte helle Aufregung, die dadurch verstärkt wurde, dass plötzlich ein lautes unheimliches Brüllen und Röhren zu vernehmen war, das eindeutig aus Richtung Heiligenberg kam. Es wurde nicht lange gebabbelt und schon gar nicht gefackelt: Man musste die Sache selber in die Hand nehmen, das Untier fangen, gar töten und Handschuhsheim vor einer Katastrophe bewahren. Bis zum Abend sollten sich alle Hendsemer, die bei Kräften waren, an der Tiefburg versammeln und gemeinsam gut bewaffnet mit Dreschflegeln, Sensen, Hacken und Krappkorschen auf den Heiligenberg ziehen.

Es dauerte eine gute Stunde, bis das „Bauernheer" am Heideloch angelangt war, jenem vorgeschichtlichen Brunnenschacht, der erst in den 30er- und 50er-Jahren des 20. Jahrhunderts genauer untersucht werden sollte, aber seit jeher eine mystische und unheimliche Ausstrahlung sein Eigen nennt. Das Gebrüll des Löwen war von hier oben aus immer lauter zu hören, und man wagte sich in der aufkommenden Dunkelheit – die Anspannung wuchs und die Kampfbereitschaft auch – bis vor zu den Ruinen des Stephansklosters und des nahe daneben liegenden Aussichtsturms.

Die bewaffneten und zu allem bereiten Handschuhsheimer Bauern versteckten sich in den Büschen und schickten einen von ihnen auf den Turm, um auszukundschaften, wo genau das Gebrüll herkam. Dann wollte man dem Löwen den Garaus machen!

Alles wartete gespannt, doch außer den schrecklichen Tönen der Bestie war nichts zu hören. Kein Laut von dem Kampfesbruder, der die Stufen bis zur Spitze des Aussichtsturmes hinaufgelaufen war. „Was sieschen? Isser do, der Löb? Verzäil doch emol, Dunnerwetter!", rief einer in das Treppenhaus hinein, aber erst nach weiterem lauten Löwengebrüll und einer gefühlten Ewigkeit hörten die Wartenden ihren auf dem Posten sitzenden Kollegen beinahe zaghaft rufen: „Ach Gott, do! Des gloabt kon Mensch, kummt ämol all nuff …"

Alles stürmte und drängelte die enge Treppe hinauf. Die, die zu spät kamen, mussten im Treppenhaus warten. Denjenigen, die auf der Aussichtsplattform einen Platz gefunden hatten und nun erkennen konnten, was sich

*Die Michaelsbasilika auf dem Heiligenberg –
eine Aufnahme um 1900.*

da unten im Neckar abspielte, wurde auf einmal ganz schlecht. Von einem großen, Menschen fressenden Löwen war weit und breit nichts zu sehen. Ganz deutlich konnten sie eines der Kettenschlepperschiffe ausmachen, die seit geraumer Zeit die alten Treidelkähne abgelöst hatten und andere Schiffe mithilfe einer schweren Eisenkette flussaufwärts zog. In regelmäßigen Abständen wurde zur Warnung anderer Schiffe und Boote eine Art Hupe betätigt, die dem Brüllen eines Löwen verdammt ähnlich klang – wie man heute sagen würde.

Betretenes Schweigen bei den Löwenjägern, man hat sich geschämt wie die „Bettseucher", und kletterte erst einmal vom Turm runter. Unten angekommen, beschloss man, die Dunkelheit in den Klosterruinen vollends abzuwarten, um nicht gleich bei der Heimkehr aufzufallen und Rede und Antwort über das Löwendesaster stehen zu müssen. In kleinen Gruppen haben sich die Bauern nach Hause zurückgeschlichen, sind über die Amselgasse und den Rolloßweg quasi in Hendesse eingesickert und machten sich die ganze Zeit über Gedanken, wie man der Blamage entgehen konnte.

Das Abenteuer vom „Hendsemer Löb" konnte natürlich nicht vertuscht werden und alle Welt amüsierte sich darüber, dass die Hendsemer das Hupen des Schleppers und das Gerassel der Schiffskette nicht vom Gebrüll eines Löwen unterscheiden konnten.

Aber seien wir doch einmal ehrlich: zeugt es nicht von großem Mut und Tapferkeit, sich zu damaliger Zeit aufzumachen, nur mit Ackergeräten bewaffnet, und einer Bestie gegenüberzutreten zu wollen, die halb Handschuhsheim hätte zerfleischen können? So klingt das schon anders, und diese Geschichte kennt bis heute jedes Kind!

Helmstätter Herrenhaus im Ortskern von Handschuhsheim um 1910.

Marrakesch – Amsterdam – Heidelberg

Als Hauptstadt der Romantik mit altehrwürdigen Fassaden und Deutschlands ältester Universität hat sich Heidelberg einen Namen in der ganzen Welt gemacht. Gedichte, Theaterstücke, Operetten, Filme und Schlager zementierten geradezu den Mythos „Alt-Heidelberg". Dieses Postkartenidyll war um 1970 in den Augen vieler massiv bedroht.

„Sie kommen aus aller Herren Länder und treffen sich auf den Stufen der Heiliggeistkirche", beschrieb die Rhein-Neckar-Zeitung 1971 das Phänomen, das so gar nicht zum traditionellen Heidelbergtourismus passen wollte. Heute schlichtweg als „Hippies" oder fast schon liebevoll als „Blumenkinder" bezeichnet, fehlte es in den 60er- und 70er-Jahren nicht an unfreundlichen Ettiketierungen, die oft mehr über die Beobachter als die Beschriebenen aussagten.

Wie in vielen anderen Städten der Welt bürgerte es sich in Heidelberg ein, zwischen den „normalen, anständigen jungen Leuten" und den „Langhaarigen" zu unterscheiden. Die „Langhaarigen" wurden von den einen voller Ekel und Abscheu schlichtweg als „Gammler" verurteilt, während andere – fast schon mit einem Anflug von Besorgnis – von den armen Jugendlichen „mit dem verklärten Gesichtsausdruck" sprachen. Der verzückte Blick Einzelner ging auf deren Drogenkonsum zurück und in einschlägigen Kreisen galten die Stufen der Heiliggeistkirche nicht nur als Treffpunkt der Hippies, sondern als ein äußerst betriebsamer Umschlagplatz für Drogen. Ein Umstand, der dem – aus gutbürgerlicher Sicht – „guten Ruf" Heidelbergs zu schaffen machte. Im Jahr 1971 stellte Heidelberg darüber hinaus einen traurigen Rekord auf, als die Polizei in einem Bungalow auf das größte LSD-Labor stieß, dessen Produkte als „Heidelberger Blitze" von einem Chemiestudenten der Universität höchst erfolgreich vertrieben wurden. Allerdings traf der pauschalisierende Zusammenhang zwischen Hippies und der Drogenszene nur teilweise zu.

Die Anfrage der Frankfurter Rauschgiftberatungsstelle „was den Reiz Heidelbergs ausmache", das inzwischen „in einem Atemzug mit Marrakesch und Amsterdam" genannt werde, dürfte den Adressaten im hiesigen Rathaus nicht unerhebliches Kopfzerbrechen bereitet haben. Die Probleme, unter denen die Stadt litt, glichen denen in anderen Städten, in denen amerikanische Soldaten stationiert waren, die sich nicht selten am Drogenhandel beteiligten. Hinzu kam eine gute Verkehrsanbindung Heidelbergs, die es den Händlern und Käufern erlaubte, schnell aufzutauchen und zu verschwinden.

Die „Langhaarigen", gleich ob Drogenabhängige oder harmlose Hippies, nutzten die gute Infrastruktur Heidelbergs. Während ein Teil der Hippieszene eine feste Unterkunft besaß, schliefen andere – insbesondere die als „Rucksacktouristen" Durchreisenden – unter freiem Himmel am Neckarufer, auf der Thingstätte oder in leer stehenden Häusern. Tagsüber traf sich die Masse der auf mehrere Hundert Personen geschätzten Gruppe um die Heiliggeistkirche, wo sie häufig zu einem Fotomotiv für andere Touristen wurden und bei Geschäftsleuten und Gastwirten für Ärger sorgten, da sie deren Toiletten ungefragt nutzten und teils dort bettelten.

Die Lage eskalierte, als die Polizei am 23. Juli 1971 ein von den Hippies besetztes Hinterhaus in der Hauptstraße 230 wegen „akuter Brand- und Einsturzgefahr" räumte. Unerwartet tauchten am nächsten Vormittag über 50 Mitglieder der betroffenen „Wohnkommune" vor dem Rathaus auf, wo sie sich mit Sack und Pack häuslich niederließen. Auf Sofas und Matratzen wurde Tee getrunken und „Superman"-Hefte gelesen. Mit Transparenten, wie „In Heidelberg stehen 84 Häuser leer, warum gibt man uns keines?" wies die Gruppe auf ihre Misere hin, erntete aber bei vorbeikommenden Passanten wenig Verständnis. Es kam zu teils hitzigen Debatten und Beschimpfungen. Unterdessen liefen die Drähte im Rathaus heiß, erste Polizeistreifen tauchten auf. Nach mehreren vergeblichen Aufforderungen der Behörden, den Rathausvorplatz friedlich zu räumen, machte der Einsatz von 30 Polizeibeamten dem Treiben um 13.00 Uhr ein Ende. Ein Lastwagen transportierte die verlassenen Möbel und Matratzen zum städtischen Bauhof an der Rudolf-Diesel-Straße, wo die Besitzer ihre Habe in den nächsten Tagen abholen konnten.

Doch wer glaubte, das „Hippieunwesen" damit in Heidelberg aus der Welt geschaffen zu haben, sollte bald eines Besseren belehrt werden. In den warmen Sommermonaten 1971 verlagerte sich der Schwerpunkt nachts ans Neckarufer unter die Brücken und in die Stützbögen der Neckarvorlandmauern. Erneut kam es zu Beschwerden wegen nächtlicher Ruhestörung und Verkehrsbehinderungen. Die Polizei versuchte nun durch frühmorgendliche „Routinekontrollen" diese Gruppe von ca. 200 Personen zu „reduzieren". Begleitet wurden diese Aktionen von den deftigen Kommentaren der Anwohner, die sich – laut Polizei – beim „morgendlichen Spaziergang oder auf dem Weg zur Arbeit vom Anblick der schlafenden Gestalten gestört fühlten". Andere erregten sich darüber, dass die „Langhaarigen" für ihre vierbeinigen Begleiter keine Hundesteuer bezahlten und wollten an den Treffpunkten der Hippies „die armen Tiere vor dem Gestank der Autoabgase" retten.

Bei den Festnahmen beschränkte man sich auf Minderjährige und fahnenflüchtige Soldaten. Dabei benötigten die Beamten schon ein gewisses Maß an Sprachkenntnissen. Denn neben Einheimischen fanden sich dort Dutzende von Jugendlichen aus den USA, Kanada, Holland Japan und Argentinien. „Nebenbei" war bei den Routinekontrollen am Neckarvorland und auf der Thingstätte eine Menge Haschisch gefunden worden, die auf 15 bis 20 Kilo geschätzt wurde.

Was den Ordnungskräften am meisten zu schaffen machte, war, dass auf den ersten Blick Hippies und Rucksacktouristen von Drogendealern kaum zu unterscheiden

Heute Fußgängerzone mit Straßencafés, einst Hippietreff: Heiliggeistkirche und Marktplatz von der Heiliggeiststraße aus.

waren. So erging es auch zwei unschuldigen jungen amerikanischen Touristen, die unversehens Mitte August in eine Polizeikontrolle an der Heiliggeistliche gerieten. Kurz zuvor war dort ein junger Berliner wegen Drogenhandels verhaftet worden. Als Reisender getarnt, fanden die Beamten in seinem Hotelzimmer sieben Kilo Haschisch.

„Den Hippies wird es durch die Aktionen in Heidelberg ungemütlicher", resümierte die Tagespresse über die polizeilichen Gegenmaßnahmen. Doch den Behörden war klar, dass eine völlige Verbannung der Hippies aus der Innenstadt weder realistisch war, noch das Problem lösen konnte. Stattdessen wollte man sich auf die Bekämpfung des Drogenhandels und der illegalen Hausbesetzungen konzentrieren.

Ein offener Brief des damaligen Psychologiestudenten Georg Lind, Ende August 1971, versachlichte die Diskussion. Lind, der sein Schreiben u. a. an den Bundesgesundheitsminister und den Innenminister von Baden-Württemberg richtete, verurteilte darin das „Schubladendenken" bei der Hippieproblematik. „Die mehrmals durchgeführten Razzien haben unter allen Betroffenen ein Klima des Hasses oder der Resignation geschaffen", lautete das Urteil des Psychologen. Als Lösung forderte Lind Projekte, wie ein Kommunikationszentrum oder eine Auffangstelle, die auch finanziell gesichert sein müssten – Betreuung statt Strafe.

Der „Goldene Herbst" des Jahres 1971 ging im November schlagartig zu Ende. Mit den niedrigeren Temperaturen leerten sich die Plätze am Neckarufer und auf den Stufen der Heiliggeistkirche. Zwar kamen auch in den nächsten Jahren die Blumenkinder aus aller Herren Länder nach Heidelberg, doch nie wieder erhitzten sich die Gemüter der Heidelberger darüber so, wie im Sommer 1971.

Der Rohrbacher Caruso

Bei dem Stadtteil Rohrbach handelt es sich, wie bei Neu-enheim, Handschuhsheim, Kirchheim, Wieblingen und Ziegelhausen, um ein altes ehemals selbstständiges Dorf, das erst im 20. Jahrhundert, genau im Jahre 1927, einge-meindet wurde. Ein großer Zugewinn für die Stadt, denn die Hälfte der Gemarkung bestand aus Waldgebiet, die andere aus Weinbergen und Landwirtschaft.

Bereits vor der Eingemeindung erlangte Rohrbach gewis-se Berühmtheit und zwar zum einen durch einen Bürger, der sich nichts gefallen lassen wollte und zum anderen durch ein junges Mädchen, das dem bekannten Dichter Joseph von Eichendorff den Kopf verdrehte.

Zu Beginn des 17. Jahrhunderts legte sich der Bürger Hans Eysengreinn mit Kurfürst Friedrich IV an, ja er bedrohte ihn sogar mit dem Messer, als der während einer Jagd über seinen Rübenacker ritt. Das geht natürlich nicht, und so verschwand Eysengreinn erst einmal für ein paar Jahre hinter Gittern bzw. in den Kerker. Der nach ihm benannte Eisengreinweg verbindet heute den Steigerweg am Ausgang der Heidelberger Weststadt mit der Rohrbacher Straße.

Weitaus weniger blutig und dramatisch, dafür umso be-kannter und romantischer ist die Geschichte von Katha-rina Förster, in die sich der junge Joseph von Eichendorff kurz nach seiner Ankunft in Heidelberg im Mai 1807 ver-liebte. In Rohrbach traf sich das Paar, ging an „der" Bach eng umschlungen spazieren und genoss seine Jugend. Sie werden wohl kaum geahnt haben, dass das Glück nicht lange währen würde und beide diese Liebe für den Rest ihres Lebens nicht vergessen würden. Die Wirtstoch-ter und der Dichter – es war eine heimliche Liebe, die wohl entdeckt wurde. Der junge Mann verließ damals Hals über Kopf Heidelberg und die junge Frau. Sie starb unverheiratet im Alter von 47 Jahren im Heidelberger Schnookeloch.

Rathausstraße mit dem „Roten Ochsen" rechts unten und dem Eckhaus mit Küferei links vorne, 1963.

Etwas über einhundert Jahre nach Eichendorffs Rohrbacher Zeit und seiner Liebe zu Katharina Förster kam Wilhelm Rehn zur Welt, der ein waschechtes Rohrbacher Original werden sollte. Sein Lieblingsplatz war der „Hundsbrunzer", eine Art Schutzstein, der verhindern sollte, dass Fuhrwerke im wahrsten Sinne des Wortes die Kurve kratzten und das Haus beschädigten. Wilhelm Rehn nun saß gerne auf dem Stein umgeben von Freunden und – sang. Jawohl, er besaß eine so außergewöhnliche Stimme, dass er von den Rohrbachern den Beinamen „Caruso" erhielt. Sobald Studenten die Rathausstraße hinaufzogen, hieß es: „Du muscht singe, do kumme Studente!", und mit seinem unvergleichlichen Tenor stimmte der Rohrbacher Caruso „In einem Kühlen Grunde, da geht ein Mühlenrad ..." an. Alle blieben stehen und lauschten, heute würde man sagen: „Ganz klar – Gänsehautfaktor!" Wilhelm Rehn verstand es prächtig, die Menschen zu unterhalten, sei es mit seinem Gesang oder seinem schlagfertigen Humor – ein echter Kurpfälzer halt.

Natürlich war der Caruso Mitglied im örtlichen Männergesangverein, der seinen Stammtisch in der Rohrbacher „Linde" hatte. Dort traf man ihn, wenn er sein „Vertele

Die Rathausstraße von Rohrbachmarkt aus gesehen mit Blick auf den Boxberg, 1965.

schlotzte", und es war jedes Mal ein Erlebnis, seinen Geschichten zu zuhören. Die Frage, womit er denn seinen Lebensunterhalt verdiene, wenn er nicht gerade sang, beantwortete Wilhelm Rehn mit den sybillinischen Worten: „Ich bin der Rohrbacher Oberversenkungsrat!" Fragende Gesichter bei allen, die ihn nicht kannten, großes Gelächter, als er erklärte, er sei städtischer Angestellter und Friedhofsaufseher auf dem Rohrbacher Friedhof, dem gegenüber er praktischerweise wohnte.

Seine Schlagfertigkeit verließ ihn bis in hohe Alter nicht, selbst dann, als er aufgrund einer schweren Krankheit seinen geliebten Wein nicht mehr trinken durfte. Am gleichen Tisch in der „Linde" bestellte er nun nur noch Apfelsaft, der aber, genau wie die „Verteles" sein ganzes Leben lang vorher, in einem Römerglas serviert wurde. Angesprochen darauf, dass dieser Wein eine etwas andere Farbe hätte, als der, den er sonst getrunken habe, erwiderte er auf seine typische Art: „Des isch ja ach en Hochstamm-Riesling!"

Als Wilhelm Rehn Anfang der 1980er-Jahre starb und auf „seinem" Friedhof beigesetzt wurde, verlor Rohrbach eines seiner letzten Originale.

Hochwasser

Der Neckar ist ein 367 km langer Nebenfluss des Rheins, entspringt bei Villingen-Schwenningen zwischen dem Schwarzwald und der Schwäbischen Alb und ist ab Plochingen bis zu seiner Mündung in den Rhein bei Mannheim über 27 Staustufen und ungefähr 160 Höhenmeter schiffbar. Nüchterne Fakten, die der interessierte Leser im Brockhaus nachschlagen oder im Internet „googeln" kann.

Dass der Neckar ein „wilder Geselle" ist, wussten um das Jahr 500 vor unserer Zeitrechnung bereits die Kelten, die auf dem Heidelberger Heiligenberg siedelten und dem Fluss seinen Namen gaben.

Hochwasser ist in Heidelberg seit Jahrhunderten Thema, wenn die Schneeschmelze im Schwarzwald einsetzt und wenn es „ganz arg reat", meistens im Frühjahr oder im Herbst. Seit jeher leben die Bewohner der Altstadt mit dem Hochwasser, nehmen das Hochwasser gar in Kauf, wenn man in der „Vaterlandsstädte Ländlichschönste, so viel ich sah" (er, der Friedrich Hölderlin) so nah am Neckar wohnen kann … Das höchste Hochwasser, welches bis heute dokumentiert ist, traf Heidelberg am 27. Februar 1784. Der heutige Universitätsplatz stand 1,50 m unter Wasser, die letzte der acht hölzernen Vorgängerbrücken der Alten Brücke wurde weggeschwemmt, 39 Gebäude zerstört und 290 beschädigt.

Ende der 60er-Jahre, es war Fasching, trat der Neckar wieder über sein südliches Ufer, diesmal so weit, dass das Wasser in der Dreikönigstraße bis fast an die Untere Straße reichte. Um die Anwohner, in deren Häusern die Strom- und Wasserversorgung abgestellt worden war, mit Lebensmitteln und allem Nötigen zu versorgen, hatte der Bundesgrenzschutz ein besonders schweres und stabiles Schlauchboot, dessen Boden mit Holzplanken ausgelegt war, zur Verfügung gestellt. Aufgrund der starken Strömung gestaltete sich die Arbeit für die Helfer der Feuerwehr und des Technischen Hilfswerkes sehr schwierig. Die Männer konnten nicht direkt vom Neckar die Dreikönigstraße hochfahren, sondern mussten versuchen, über die Untere Straße von oben zu den Abgeschnittenen zu gelangen. Dafür musste das Boot ein Stück weiter flussabwärts bis zur Marstallstraße gebracht und von dort in die Untere Straße getragen werden.

„Des hosch kaam hewe känne mit dem schwere Bodde ...", erinnert sich ein Beteiligter. Aber dank des Katastrophenschutzgesetzes war es den Helfern möglich, kräftige junge Männer – und davon gab es einige unter den Studenten in der Altstadt – zur Hilfeleistung zu verpflichten. Das Boot wurde also bis zur Hauptstraße getragen, am Heumarkt wieder runter bis zur Unteren Straße und dann hin zur Dreikönigstraße, wo es zu Wasser gebracht werden konnte.

An den Fenstern der Häuser warteten die Anwohner bereits, um die mitgebrachten Hilfsgüter in Empfang zu nehmen und um Aufträge zu erteilen. Manche wollten mit den Helfern „nuff zus" in die Stadt fahren, um persönliche Dinge zu erledigen.

Für ein kleines krankes Mädchen musste eigens ein Arzt geholt werden. Den Mediziner luden die „Hochwasserchauffeure" des THW ins Boot und staunten nicht schlecht, als sich dieser stehend im Bug, den Arztkoffer in der Hand, zu dem Haus der Patientin fahren ließ. Der Arzt untersuchte das Mädchen und konnte die befürchtete Blinddarmentzündung glücklicherweise ausschließen und das Bauchweh auf die sieben verdrückten Fastnachtsberliner zurückführen.

Der freundlichen Aufforderung beim Rückweg „Hocke se sisch doch hie, Herr Doktor" kam der Arzt nicht nach, mit dem Hinweis, dass er als ehemaliger Stabsarzt und Offizier der Marine niemals in einem Beiboot sitzend fahren würde, sei es zur See oder bei Hochwasser!

Hochwasser in der Dreikönigstraße.

Offenbar gibt es keine Vorgabe oder Richtlinie, ob ein Offizier stehend oder sitzend befördert werden muss. Die Vermutung liegt nahe, dass die Variante im Stehen einfach „schneidiger" aussieht ... (Einen ganz herzlichen Dank an den IT-Sicherheitsoffizier des 5. Minensuchgeschwaders der Deutschen Marine in Kiel und dessen Bemühungen, beim Wehrgeschichtlichen Ausbildungszentrum der Marine Informationen über den Sachverhalt in Erfahrung zu bringen).

Nahezu jedes Mal, wenn das Boot beladen von oben die Straße hinunter oder zurückfuhr, baten junge Männer freundlich um eine Mitfahrgelegenheit, die ihnen von den Helfern natürlich nicht abgeschlagen wurde. Erst nach einigen Tagen stellte sich heraus, dass sich in einem der Häuser eine, sagen wir, Art Gewerbe für Liebesdienste befand, was den Helfer des THW zum dem Ausruf brachte: „Des haw' isch a noch net erläbt: uff Staatskoschte zum Bumse!"

Der Selz

Die Weinwirtschaft „Zur Badischen Weinstube" in der Rohrbacherstraße 46 war für die Weststädter Handwerker bis in die 60er-Jahre des letzten Jahrhunderts eine wichtige Institution.

Nach vollbrachtem Tagwerk, aber auch um die Mittagszeit, kehrte man beim Selz zum „Veschpern" ein, saß, babbelte, hörte zu und wusste am Ende alles, was wichtig war.

Dem Anwesen war seine eigentliche Größe von außen nicht anzusehen. Betrat man den Schankraum mit seinen Holztischen, konnte man an dessen hinterem Ende eine Wendeltreppe ausmachen, die sich drei Stockwerke tief in einen riesigen Keller hinunterwand. Dieser erstreckte sich im Westen bis zur Häusserstraße und erschien beim ersten Anblick, und bis die Augen sich an die Dunkelheit gewöhnt hatten, wie der Zugang zur Unterwelt – allerdings reichhaltig bestückt mit unzähligen Weinfässern.

Im untersten der drei Geschosse lagerte der Selz die großen Fässer mit einem Fassungsvermögen von bis zu 300 Litern, im Darüberliegenden waren die Flaschen in Regalen untergebracht, alle jedoch ohne Etikett, und im obersten Geschoss direkt unter der Wirtschaft stand schließlich ein Stehpult mit Fächern, in welches die Etiketten der verschiedenen Weine einsortiert waren. „Gebebbt" wurden die Etiketten unter der Wirtschaft, und nur der Selz wusste letztendlich, welcher Wein in der Flasche war.

Noch heute wird die Geschichte erzählt, als eines Tages ein auswärtiger Gast beim Selz einkehrte, die Getränkekarte sah und bass erstaunt war über die reichhaltige Auswahl an rotem und weißem Wein. Auf die Frage, ob er denn tatsächlich das alles anzubieten hätte, antwortete der Selz: „Sie könne bei mir alle Woi b'schtelle, isch hab alle Etikette vorrätisch!"

▪ Statt Rauschgift Rembrandt

Einen nicht alltäglichen Fall hatte die Heidelberger Kripo Ende 1972 zu lösen. Im Rahmen einer eher harmlosen Routinekontrolle kam eine ganze Serie von Straftaten zutage, an deren Ende eine größere Polizeiaktion und ein überraschender Fund in Berlin standen.

Eigentlich ausgesandt, um einen mutmaßlichen Haschischhändler in der Fischergasse zu observieren, entdeckten die Fahnder vor Ort nicht den vermuteten Rauschgiftring, sondern einen wegen schweren Diebstahls vorbestraften 27-jährigen Maler aus Mannheim, sowie zwei weitere Männer. Später sollte sich herausstellen, dass es sich um einen in Bremen gesuchten Ausbrecher mit dem Spitznahmen „Fritz" sowie den 23-jährigen Karel W. aus der Tschechoslowakei handelte. Da die Polizei dem Trio zu diesem Zeitpunkt noch nichts nachweisen konnte, observierten die Fahnder die Verdächtigen zunächst weiter.

Wenige Tage später, am 20. November 1972, beobachteten die Beamten, dass die drei Männer mit einem roten BMW von Heidelberg aus zum Frankfurter Flughafen fuhren. Einer von ihnen, Karel W., flog mit PAN AM nach West-Berlin. Eine Rückfrage der Polizisten per Funk ergab, dass der BMW als gestohlen gemeldet worden war und damit eine Woche zuvor ein Beamter während einer Verkehrskontrolle fast überfahren worden wäre. Die Kripo entschied sich zum Zugriff. Die Fahnder folgten dem BMW auf dem Rückweg vom Flughafen, doch es gelang „Fritz" und seinem Mannheimer Komplizen, ihre Verfolger abzuschütteln und unbehelligt nach Heidelberg zu entkommen. Das Fahrzeug, das inzwischen zur Fahndung ausgeschrieben war, wurde nachts um 3 Uhr von Beamten in der Fischergasse entdeckt und überwacht. Als „Fritz" am nächsten Nachmittag in das Fahrzeug einsteigen wollte, überschlugen sich die Ereignisse: Der Ver-

Die Fischergasse in der Heidelberger Altstadt.

dächtige ergriff beim Erscheinen der Beamten die Flucht, in deren Verlauf es zu einem wilden Schusswechsel mit den Verfolgern kam. In buchstäblich letzter Sekunde gelang es „Fritz" ein weiteres Mal zu entkommen.

Ein Komplize, der Maler aus Mannheim, hatte weniger Glück: Er wurde fast zeitgleich von Heidelberger Polizisten in der Altstadt gefasst. Beim späteren Verhör gab dieser zu, dass er zusammen mit seinen Kumpanen in den letzten Wochen nicht nur bei Einbrüchen in zwei

Dossenheimer Kirchen Kunstgegenstände im Wert von mehreren Tausend Mark, sondern auch die spätgotische sogenannte „Tilly-Madonna" aus der Dominikanerkirche in Bad Wimpfen gestohlen hatte. Kurz darauf fanden die Beamten das ganze Diebesgut im Kofferraum eines in der Steubenstraße abgestellten alten Ford Taunus.

Nach dem Geständnis des Mannheimers, der den Beamten zudem die wahre Identität von „Fritz" verriet, war den Fahndern klar, dass ihnen mit diesem in Bremen entflohenen Sträfling ein dicker Fisch ins Netz gegangen war. Während bundesweit nach „Fritz" gefahndet wurde, nahmen die Berliner Behörden den Tschechen Karel W. kurz vor seinem Rückflug nach Frankfurt auf dem Flughafen Tempelhof fest. Die Ermittler fragten sich, was es mit dem Kurztrip des Tschechen nach Berlin auf sich hatte. Die Antwort: Er hatte dort Diebesgut deponiert.

Elf Monate zuvor hatte Karel im schlecht bewachten Stadtmuseum von Tours zwei wertvolle niederländische Gemälde gestohlen, darunter Rembrandts „Flucht der Heiligen Familie aus Ägypten"! Der sperrigen Rahmen entledigt, gelangten beide Bilder zwischen schmutziger Wäsche per Flugzeug nach Berlin. Der erhoffte schnelle Verkauf der Beute aber gelang nicht. Der auf eine Million Mark geschätzte Rembrandt galt als zu „heiße" Ware und verblieb bei einem „Mittelsmann". Karel W. versuchte das Kunstwerk im beschaulichen Heidelberg zu Geld zu machen. Als er im Herbst 1972 einen Interessenten in Heidelberg gefunden hatte, wollte er den Rembrandt in Berlin abholen. Doch die Sache flog dank der zuvor in Heidelberg verhafteten Bandenmitglieder auf, Karel W. fand sich im Gefängnis Moabit wieder, sein Mittelsmann ging bei einer fingierten Übergabe des Bildes im Dezember 1972 der Berliner Polizei ins Netz. Statt nach Heidelberg kehrte der Rembrandt ins französische Tours zurück. Dorthin folgte ihm sein einstiger Dieb Karel W., um eine achtzehnmonatige Haftstrafe anzutreten.

Der tiefergelegte Vorgarten

„Ich hab mein Herz in Heidelberg verloren,
in einer lauen Sommernacht.
Ich war verliebt bis über beide Ohren,
und wie ein Röslein hat ihr Mund gelacht."

So wie es der Komponist Fred Raymond in seinem berühmten Lied aus dem Jahre 1925 beschreibt, erging es
einem jungen Amerikaner, der Mitte der 50er-Jahre im
damaligen amerikanischen Hauptquartier in Heidelberg
als Soldat stationiert war.

Es bedarf keiner großen und blumigen Erklärung: Er hatte sich verliebt, Hals über Kopf – head over heels – in ein
wunderhübsches Hendsemer Mädel, das seine Zuneigung
glücklicherweise erwiderte, und so kam es, dass nach
ungefähr einem Jahr für die beiden die Hochzeitsglo-
cken läuteten. Die ganz amerikanische Verwandtschaft
war angereist. Gemeinsam mit der deutschen aus Handschuhsheim bildete sie eine große Hochzeitsgesellschaft,
die sich zur Trauung an einem schönen Samstagmittag
im Mai in der Friedenskirche einfand.

Handschuhsheimer Schlössl.

Mutter und Schwiegermutter, je nachdem, von welcher Seite man es betrachtet, hatten Tränen in den Augen, Vater und Schwiegervater blickten stolz drein. Freunde und Bekannte des Paares, auch viele neugierige Hendsemer, waren gekommen, um die Braut, die ja nun bald mit ihrem Mann nach Amerika auswandern würde, in ihrem weißen Kleid mit dem Schleier zu bewundern – ach, es war einfach alles perfekt!

Im Anschluss an die kirchliche Trauung machte sich die ganze illustre Gesellschaft auf den Weg in den „Deutschen Kaiser" in der Mühltalstraße. Die damalige Besitzerin Friederike Schaaf, in Handschuhsheim bekannt als Schaafe Ricke, hatte für diese völkerverbindende Hochzeit extra im großen Saal im Obergeschoss über der Einfahrt, in den über 120 Gäste Platz fanden, gedeckt und diesen festlich geschmückt.

In der Zwischenzeit machten Braut und Bräutigam sich auf, um im Fotoatelier Sauer in der Steubenstraße an der Tiefburg das obligatorische Hochzeitsbild erstellen zu lassen. Wie schon zu Beginn erwähnt, herrschte an diesem Tag herrliches Wetter, gerade so, als ob Petrus nur für das glückliche Paar die Sonne hätte scheinen lassen. Was lag also näher, als die Bilder im gegenüberliegenden Grahampark des Handschuhsheimer Schlösschens aufzunehmen? Das glückliche Paar ging über die Straße, posierte vor der großen Eiche und blickte sich verliebt in die Augen. Irgendwann fiel der Fotografin auf, dass der frischgebackene Ehemann immer angestrengter und verkniffener in die Kamera blickte. Er trat ständig von einem Fuß auf den anderen, was er zu verbergen suchte. „Ja, misse Sie mol?", fragte die Fotografin. Der Bräutigam bejahte und war heilfroh, als die Sauerin ihm anbot, er könne die Toilette im Atelier benutzen, direkt gegenüber dem Park. In allergrößter Eile rannte er los und achtete in seiner großen Not nicht darauf, dass er nur kurz über die Straße hätte gehen müssen, stattdes-

Lindentanz bei der Kerwe.

sen steuerte er die Tiefburg an. Er sah die Burg, er sah die Mauer, er konnte „es" kaum noch halten, er nahm Anlauf und schwang sich mit einem behänden Satz über die Brüstung – und landete drei Meter tiefer im Burggraben! Sein Hochzeitstag war im wahrsten Sinne des Wortes sein Glückstag, denn er stürzte nicht direkt in die Tiefe. Er fiel zunächst auf das Vordach, von dem er dann abrutschte. Völlig perplex und verdattert klopfte er sich den Anzug sauber, sein menschliches Bedürfnis war verschwunden. Er kletterte über einen alten Torbogen nach oben auf den Platz vor der Tiefburg. Als der junge Amerikaner später von dem Zwischenfall berichtete, bemerkte er verblüfft, dass er ja gar nicht gewusst habe, wie tief in Deutschland die Vorgärten sein könnten.

Und wie es so ist, konnte diese Geschichte, war sie für den Beteiligten auch noch so peinlich, natürlich nicht geheim gehalten werden. Beim Lindentanz auf der Hendsemer Kerwe, am dritten Samstag im Juni, berichtete der Kerweschlackl der ganzen breiten Hendsemer Öffentlichkeit vom Missgeschick des armen amerikanischen Bräutigams. Aber wie es der Ehrencodex will, wurde kein Name genannt und bleibt auch hier unerkannt!

Eine unfreiwillige Visitenkarte

Wir schreiben das Jahr 1977. Während die Auseinandersetzung mit dem Terrorismus der Roten Armee Fraktion die Sicherheitsorgane der Bundesrepublik in Atem hielt, begann in Heidelberg eine Serie von Banküberfällen, die die dortige Kripo fast zwei Jahre lang im wahrsten Sinne des Wortes doppelt beschäftigen sollte.

Alles fing am 29. Juli 1977 in der Weststadt an und zwar mit einem Überfall auf die Spar- und Kreditbank in der Rohrbacher Straße. Das Bemerkenswerte war, dass Tatablauf und Fluchtweg aufs Haar einem Bankraub glichen, der knapp fünf Monate zuvor auf dasselbe Kreditinstitut verübt worden war. Ermittlungsbehörden und Zeugen waren der festen Überzeugung, dass es sich bei dem maskierten Täter entweder um dieselbe Person oder einen anderen Insider handeln musste. Die Polizei konnte zu diesem Zeitpunkt noch nicht wissen, dass sie im Prinzip auf der richtigen Spur war und trotzdem völlig danebenlag. Da der Täter nicht nur über sehr gute Ortskenntnisse verfügte, sondern auch eine der Bankangestellten mit Details aus ihrem Privatleben konfrontierte, richtete sich der Verdacht der Polizei gegen die Menschen in der Nachbarschaft, und nach ersten Zeugenvernehmungen starteten die Beamten eine Hausbefragung. Kurzerhand nahmen sie vier jüngere Männer und einen Geldboten fest, deren Unschuld sich aber schon nach kurzer Zeit herausstellte. Die Ermittlungen verliefen im Sande.

Der zweite Überfall fand am 21. Oktober 1977 im Schatten der Geiselnahmen in Mogadischu und der Schleyerentführung statt. Während ein Großteil der Heidelberger Polizei Jagd auf mutmaßliche Verstecke der Roten Armee Fraktion im Rhein-Neckar-Raum machte, wurde die Volksbank in Neuenheim das Ziel eines Überfalls. Auch hier war der mit einer Pistole bewaffnete Täter maskiert und floh mit dem Geld in einer Plastiktüte zu Fuß. Um eine Verfolgung zu erschweren, versprühte er Tränengas am Tatort. Wiederum verhaftete die Polizei einige Verdächtige, musste diese aber kurz darauf wieder auf freien Fuß setzen.

Die Serie ging am 10. Februar 1978 weiter, als der Bankräuber kurz vor 18.00 Uhr die Bezirkssparkasse in Dossenheim mit den Worten „Geld her oder ich schieße" überfiel. Das Muster glich den Vorherigen. Obgleich der Täter wieder maskiert war, fielen den Zeugen die „stechend blauen Augen" und „ein leichtes Schielen" auf. Wiederum machte sich der mit einem olivgrünen Parka bekleidete Räuber mit der Beute in einer Plastiktüte zu Fuß aus dem Staube.

Am 12. Mai 1978, also kurz vor Pfingsten, traf es die Kirchheimer Filiale der Volksbank Kurpfalz. Offenbar wegen der inzwischen doch sehr genauen Täterbeschreibungen hatte der Bankräuber diesmal neben der Kapuze eine Sonnenbrille aufgesetzt. Zur Flucht in Richtung Hegenichhof benutzte er ein Fahrrad. Trotz gründlicher Untersuchung des Tatortes hatte die Heidelberger Kripo ein weiteres Mal das Nachsehen.

Da es zu Pfingsten 1978 stark regnete, trug der Täter statt des olivgrünen Parkas eine gelbe Regenjacke. Diese sollte ihm im Dezember 1978 zum Verhängnis werden. Zuerst lief bei dem Überfall auf die Kirchheimer Bezirkssparkasse, zwei Wochen vor Heiligabend, alles nach Plan. Doch als der Täter nach seinem „einfachen wie dreisten Vorgehen" die Bank mit 60 000 Mark in einer Plastiktüte verließ und mit dem Fahrrad floh, verfolgte ihn einer der Bankangestellten mit seinem PKW bis zum Kirchheimer Kleingartengebiet. In letzter Minute schüttelte der Bankräuber seinen Verfolger ab, indem er mehrere Schüsse auf ihn abfeuerte, die jedoch ihr Ziel verfehlten.

Wiederum schien die Polizei keinen Erfolg zu haben, aber bei der Spurensuche wurden die Beamten fündig. Auf der Flucht habe der Täter seine gut sichtbare gelbe Regenjacke weggeworfen, wie eine Zeugin meldete. Als die Kriminalbeamten das Kleidungsstück durchsuchten, staunten sie nicht schlecht: Auf der Innenseite der Jackentasche fanden sie einen Druckstreifen mit dem Namen eines ihrer Kollegen.

Noch am selben Abend wurde der 36-jährige Kriminalbeamte in seinem Haus festgenommen. Sogleich gestand er den Überfall und führte seine Kollegen zu der in einem Kleingarten versteckten Beute. Als Motiv gab er Geldnot und Verschuldung an.

Bei den anschließenden Vernehmungen gestand er einen Banküberfall nach dem anderen. Dabei blieb es nicht bei den fünf Überfällen im Heidelberger Raum. Den dreistesten Bankraub leistete er sich am 5. Oktober 1978 im Breisgau. Eigentlich zu einem Kriminalfachlehrgang nach Freiburg abgestellt, meldete der Beamte sich krank. Statt am Sportunterricht des Lehrganges teilzunehmen, überfiel er nach bekanntem Muster die Freiburger Commerzbank am Friedrichsring.

Aufgrund seiner berufliche Position konnte der 36-jahre alte Polizeibeamte nicht nur die Ermittlungsakten über vorhergehende Banküberfälle in aller Seelenruhe studieren, sondern hatte auch Einsicht in die Einsatzpläne seiner Kollegen. Die Abstellung vieler Polizisten zur Terrorfahndung dürfte seinen Planungen sehr entgegengekommen sein. Insgesamt hatte der Heidelberger „Kripobankräuber" bei sechs Überfällen fast 270 000 Mark erbeutet, bis ihn ein kleiner Namenszettel verriet.

Des Rieweloch

Handschuhsheim, der nördlichste der vierzehn Heidelberger Stadtteile, war von Anbeginn an, sprich seit seiner ersten urkundlichen Erwähnung im Jahre 765 im Lorscher Codex, ein Bauern- und Gärtnerdorf, dessen Bewohner sich immer schon von der Scholle ernährten. Noch heute ist es so, dass ein Drittel der jetzigen Bevölkerung „Äckerlin hot, uff denne Obscht un' Gemies ogebaut wird". Nach dem Zweiten Weltkrieg bis weit in die 50er-Jahre war das gesamte „Handschuhsheimer Feld" ein einziges Freigelände. Schaut man heute bei einem Spaziergang durch die Weinberge auf dem Heiligenberg Richtung Westen in die Rheinebene, so erscheint einem je nach Tageszeit das Handschuhsheimer Feld wie eine zerstückelte Wasseroberfläche, auf der sich das Sonnenlicht spiegelt – unzählige Gewächshäuser bedecken den fruchtbaren Boden und gewährleisten gute Ernten zu Zeiten, zu denen die freie Natur schon längst Betriebsferien hat.

„Riewe"! Der hochdeutschdenkende und -sprechende Leser mag dabei unter Umständen an einen neuen in Handschuhsheim eröffneten Supermarkt oder gar an einen Druckfehler denken, aber nein: „Geele Riewe, Roude Riewe, Zuckerriewe" und natürlich die „Dickriewe" sind gemeint. Und von dieser Dickrübe handelt die folgende Geschichte.

Nach dem Krieg wurden auf vielen Handschuhsheimer Äckern Dickrüben für den Herbst und Winter gezogen, die hauptsächlich als Viehfutter dienten. Zu Hause in den Scheuern konnte man das Gemüse aus Platzgründen nicht lagern, außerdem ließ sich dort die Lagertemperatur von 2–4 Grad Celsius nicht halten. So wurden im Feld mannstiefe Rübenlöcher ausgehoben, die Rüben eingelagert und mit Stroh und Erde abgedeckt. Je nach Bedarf wurden die Rüben hervorgeholt.

Handschuhsheimer Ochsenfuhrwerk aus jener Zeit.

Ein alteingesessenes Hendsemer Ehepaar, nennen wir sie Henner und Sannsche, den Nachnamen wollen wir vernachlässigen, besaß gegen Ende der 50er-Jahre einen Acker beim Gewann Röscher kurz vor dem Neckarkanal. Die Zeit der Rübenernte nahte und man beschloss, das „Rieweloch" auszuheben. Das heißt, die Sannsche beschloss, dass der Henner das Loch ausheben sollte ... Am frühen Montagmorgen machte der sich mit seinem Ochsenfuhrwerk auf den Weg zum Gewann Röscher, um die ihm von seiner Frau aufgetragene Aufgabe zu erfüllen. Der Weg führte ihn von der Neugasse, der heutigen Straße Zum Steinberg, über den Dorfgraben, der heutigen Friedensstraße runter über die „Schossé", der heutigen Bundesstraße 3 Richtung Ladenburger Weg ins Feld.

Für die Ochsen war der Weg ins Feld eine gewohnte Strecke. Es verwundert daher nicht, dass sich die Tiere den Gewohnheiten vom Henner angepasst hatten und – wie jedes Mal – vor der Wirtschaft „Zur Großmarkthalle" beim Bause Seppl stehen blieben. Der Henner sah es als Zeichen, stieg ab, ging hinein „hot g'schwätzt und ä por Vertele gepetzt" und darüber die Zeit und das Rübenloch vergessen. Der Tag verging wie im Fluge und als es Abend wurde, brachten „dem Henner sei Kieh" ihn wieder heim zur Sannsche.

Nachts plagte den Henner das schlechte Gewissen, denn schon für den nächsten Morgen war eine gemeinsame Fahrt auf den Acker zum neuen Rübenloch geplant. Unruhig wälzte er sich im Bett hin und her und tat in dieser Nacht kein Auge zu. Genau wie am Vortag brach er, dieses Mal aber in Begleitung von Sannsche, frühmorgens Richtung Feld auf. Als sie mit dem Fuhrwerk beim Bause Seppl vorbeikamen, hielt Henner die Zügel fest in der Hand und stieß den Kühen etwas unsanft mit einem Fuß ins Hinterteil, damit sie ja nicht auf die Idee kämen, wieder zu halten und ihn vor seiner Frau zu verraten. Sie kamen dem Acker immer näher, der Henner wurde immer unruhiger und nervöser, denn Sannsche hielt bereits nach dem Loch Ausschau: „A Henner, des gibt's doch net, wo isch denn unser Rieweloch??"

Als sie dann das Gewann Röscher vollends erreicht hatten, blieb dem Henner nur noch die Flucht nach vorn. Er stellte sich breitbeinig auf das Fuhrwerk, stemmte die Arme in die Hüfte, suchte den Acker prüfend ab und rief theatralisch empört aus: „Feier, Dunnerwetter, Sannsche, ob des glaabsch oder net: Des Rieweloch hawwe se uns heit Nacht g'schtohle!"

Werbeanzeige Großmarkthalle.

Der „versetzte" Bunsen

Einer der berühmtesten Wissenschaftler, der im Heidelberg des 19. Jahrhunderts wirkte, war der in Göttingen geborene und 44 Jahre in Heidelberg tätige Chemiker Robert Wilhelm Bunsen. Heute den meisten nur noch durch den von ihm erfundenen Bunsenbrenner aus dem Chemieunterricht bekannt, war es für das Heidelberger Bürgertum zu Beginn des 20. Jahrhunderts eine Ehrensache, dem großen Forscher ein Denkmal zu setzen.

Theodor Curtius, Bunsens Nachfolger als Direktor des Chemischen Instituts, brachte bei einer Spendenaktion 65 000 Goldmark zusammen. Der Auftrag zur Gestaltung

des Monuments ging an den Karlsruher Künstler Hermann Volz. Dieser schuf ein beeindruckendes Ensemble: Eine breite, geschwungene Freitreppe führte auf ein Plateau, in dessen Mitte auf einem dreifachen Sockel mit Inschrift eine Bronzestatue des berühmten Chemikers stand. Zwei Granitfiguren, die die schlafende und die sich entfesselnde Wissenschaft darstellten, flankierten das Monument, das wegen seiner ausgewogenen Proportionen hohe Anerkennung fand.

Monumental: Das 1908 eingeweihte Bunsendenkmal mit der Allegorie der sich „entfesselnden Wissenschaft".

Ein Opfer des Zeitgeistes: Das zum Parkplatz umfunktionierte Bunsendenkmal in den späten 1950er-Jahren.

Das 1908 in der damaligen Leopoldstraße (heutige Friedrich-Ebert-Anlage) eingeweihte Denkmal überstand die Stürme der Zeit, ja in beiden Weltkriegen blieb die Bronzestatue davor verschont, gleich anderen Denkmälern und Kirchenglocken, eingeschmolzen zu werden. Mit der Ruhe war es jedoch 1961 vorbei, als das Denkmal dem damaligen Zeitgeist und einem Parkplatz weichen musste. Die Figur Bunsens wurde vom Sockel abgehoben und musste in den Bereich der ehemaligen Anatomie umziehen. Statt des großen Wissenschaftlers flankierten die Granitfiguren nun die auf dem Parkplatz abgestellten Blechkarossen, Sockel und Freitreppe verschwanden. Im Laufe der Jahre legte sich ein grünes Dickicht aus Unkraut um die „Allegorien der Wissenschaft", während die Heidelberger die Statue ihres großen Chemikers am neuen Standort ziemlich verloren vorfanden. Dieser Zustand blieb bis zur Umgestaltung der Fußgängerzone, als sich die städtischen Behörden entschlossen, das alte Ensemble zumindest teilweise wiederherzustellen.

Oft missverständlich für Sigmund Freud gehalten. Das Bunsendenkmal an seinem jetzigen Standort vor dem Psychologischen Institut in der Fußgängerzone.

Vor dem Psychologischen Institut in der vom Autoverkehr befreiten Hauptstraße fand die Bronzefigur eine neue Bleibe, und diesmal sollten sie die beiden Allegorien aus Granit wieder flankieren. Doch die harmonische Komposition, die einst das Denkmal ausmachte, war nicht wiederhergestellt worden und in der Presse fehlte es nicht an bissigen Kommentaren. Wie in vielen anderen Fällen wurde auch das Bunsendenkmal zum Streitobjekt zwischen „Traditionalisten", die jede Veränderung in der Heidelberger Altstadt ablehnten und den Anhängern einer behutsamen Modernisierung. Was jedoch beide Seiten nicht bedacht hatten: Da der Sockel der Bronzestatue fehlt, steht sie heute ohne den Namenszug „Bunsen" auf der Erde, was viele Besucher Heidelbergs entweder achtlos vorbeiziehen oder rätseln lässt, wer die Gestalt eigentlich sei. Für die Heidelberger ist das Bunsendenkmal heute ein beliebter Treffpunkt und wer genau hinschaut, bemerkt, dass der Künstler die Staute wohl mit einem Augenzwinkern geschaffen hat: Am Mantel des gestreng blickenden Wissenschaftlers fehlt ein Knopf!

Ob die Pärchen, die sich abends am Bunsendenkmal treffen oder vorbeischlendern wissen, dass der Dargestellte von den Heidelbergern gleich dreimal „versetzt" wurde?

Die Sache mit dem Fußabdruck

Ungefähr drei Millionen Besucher zieht es rein statistisch gesehen jedes Jahr nach Heidelberg, die meisten davon stammen aus Deutschland. Die größte Anzahl an ausländischen Gästen kommt seit eh und je aus den USA.

Heidelberg als Sinnbild der deutschen Romantik, Mark Twains Berichte in „Ein Bummel durch Europa" (im Original „A Tramp abroad"), viele amerikanische Studenten Ende des 19. und zu Beginn des 20. Jahrhunderts und dann natürlich „The Student Prince"! Aus Wilhelm Meyer-Försters Roman „Karl-Heinrich", erschienen 1899, wurde das Bühnenstück „Alt-Heidelberg", 1901 am Berliner Theater uraufgeführt. Bertolt Brecht spottete es ein „Saustück", Alfred Döblin einen „Leierkasten" und Kurt Tucholsky gar einen „alten Schmachtfetzen", aber das Publikum liebte es! 1924 wurde das Stück von dem ungarisch-amerikanischen Komponisten Sigmund Romberg als „perfekte Verbindung der europäischen Operette mit dem amerikanischen Musical" vertont. Es erlangte Weltruhm und war im New York der 20er-Jahre sogar noch erfolgreicher als der Klassiker „Show Boat" – der Mythos Heidelberg war endgültig besiegelt, zumindest jenseits des großen Teiches.

Daher ist es nur allzu verständlich, dass sich jedes Jahr um die 100 000 Amerikaner auf den Weg machen, um auf den Fußspuren Mark Twains zu wandeln und hautnah den Ort zu erleben, an dem Katie ihren Prinzen Karl-Franz küsste (in der Bühnenversion wurde aus Karl-Heinrich ein Karl Franz). Viele lieben es, durch die Altstadt zu schlendern und die Atmosphäre der ältesten Universität Deutschlands zu erleben.

Zu Beginn der 70er-Jahre nahm eine amerikanische Gruppe an einer Schlossführung teil, die sie wohl nicht so schnell vergessen hat. Nur Damen und ein einzelner Herr begleiteten an diesem Tag die Führerin durch den

Stückgarten, den Hortus Palatinus, bewunderten die Renaissancefassaden im Schlosshof und lachten über die Geschichte des Hofnarren Perkeo, der angeblich das Große Fass allein geleert haben soll (unter uns: des is Dummgebabbel!), bevor sie zum Ende der Führung auf den Schlossaltan traten, wo sich ihnen die ganze Schönheit der Stadt mit Blick auf den Heiligenberg vis à vis und die Rheinebene präsentierte.

Der Altan selber ist mit großen rechteckigen Steinen aus rotem Sandstein belegt, von denen einer eine Vertiefung aufweist, die ganz stark einem Fußabdruck ähnelt. Davor bilden sich häufig Schlangen von Gästegruppen, die den Geschichten über die Herkunft dieses Abdrucks lauschen.

Im Grunde weiß niemand, woher dieser Abdruck stammt, daher sind den Fantasien der Stadt- und Schlossführer keine Grenzen gesetzt. Immer wieder andere Sprachen, immer wieder andere Geschichten.

Den Kindern erzählt man vom großen Brand im Friedrichsbau, vor dem sich alle rechtzeitig retten konnten, bis auf eine etwas beleibte Hofdame, die laut um Hilfe schreiend durch die Räume lief und keinen Ausweg fand. Ein junger, kräftiger, natürlich gut aussehender Ritter stürmte unter Einsatz seines Lebens durch die Flammen hinauf in den Palast, ergriff die Hand der zu Tode Verängstigten, lief mit ihr zum Fenster, sprach die Worte: „Vertraut mir, Holde!", nahm sie auf die Arme und rettete beider Leben mit einem beherzten Sprung auf den Altan. Seufz! Der Fußabdruck, auf den sich aller Augen richten, und in den jeder seinen eigenen Fuß setzen möchte, zeugt eben von großer Ritterlichkeit und Tugend. Das ist, wie gesagt, die Version für die Kinder.

Für die über 18-jährigen Gäste verändert sich der Handlungsverlauf bis zum entscheidenden Sprung dramatisch: An einem heißen Sommertag entschloss sich der bereits etwas angegraute ältere Kurfürst zu einem Jagdausflug in den Odenwald. Seine Kurfürstin verblieb allein im Pa-

last und harrte seiner Rückkehr, als ein junger, kräftiger,
natürlich gut aussehender Ritter zufällig des Weges kam.
Um die Geschichte zu verkürzen: der Gatte kehrte vor-
zeitig vom Jagen zurück, und dem kräftigen, jungen …
Sie wissen schon, verblieb keine andere Möglichkeit, als
den Palast durch den Sprung aus dem Fenster zu verlassen. Wessen Fuß in besagten Abdruck passt, sei ein großer, tollkühner und sagenumwobener Liebhaber. Punkt.
Zurück zu unserer amerikanischen Gruppe: Man war auf

Der Schlossaltan in den 1970er-Jahren – einmal ohne Besucher!

dem Altan angekommen, hatte den Ausblick genossen, für die Lieben daheim Fotos gemacht und versammelte sich nun um die Führerin, die bereits einen spannenden Abschluss der Schlossführung versprochen hatte. Alle lauschten der Erzählung vom älteren Kurfürsten und lachten schon etwas keck im Voraus, weil man den Ausgang der Geschichte erahnen konnte. Während ihrer letzten Sätze ergriff die Führerin die Hand des einzigen Herren, forderte ihn auf, seinen Fuß in den Abdruck zu stellen und vollendete ihre Erzählung mit den Worten: „… und wessen Fuß in diesen Abdruck passt, ist ein großer, tollkühner und sagenumwobener Liebhaber!"

Schweigen. Keiner lachte. Bleiche Gesichter, Schweißperlen tropften lautlos zu Boden.

Die Führerin verstand die Welt nicht mehr. An dieser Stelle brach im Allgemeinen großes Gelächter aus, doch dieses Mal passierte nichts. Die Gruppe verabschiedete sich kurz und knapp. Nachdem sich die Gäste auf dem Altan beinahe ziellos verteilt hatten, erfuhr die verdutzte Führerin von einer Teilnehmerin, dass es sich bei dem einzigen Herren in der Gruppe um einen Erzbischof gehandelt habe, der in Begleitung honoriger um die Diözese verdienter Mitglieder Heidelberg und andere deutsche Städte bereist habe. Es heißt, dass die Führerin nie wieder eine Gruppe geführt hätte.

Das verlorene Königsgrab – gestörte Ruhe in der Gruft von Heiliggeist

Neben Schloss und Alter Brücke gilt die Heiliggeistkirche als bedeutendes Wahrzeichen Heidelbergs. So teilte das Gotteshaus in jeder Hinsicht die wechselvolle Geschichte von Stadt und Region. Zugleich diente sie seit ihrer Erbauung durch den deutschen König Ruprecht III. als Grablege der Pfalzgrafen bei Rhein aus der mächtigen Dynastie der Wittelsbacher, von denen bis 1685 mehr als fünfzig Personen ihre letzte Ruhe fanden. Seit der Plünderung der Kirche durch die Soldaten des Sonnenkönigs 1693 galten die Gräber der Pfälzer Kurfürsten gemeinhin als verloren oder zumindest stark beschädigt. Nach 1705 zankten sich Protestanten und Katholiken um das Gotteshaus, wobei das Schicksal der dort begrabenen Herrscher in Vergessenheit geriet. Erst im 19. Jahrhundert besannen sich die Heidelberger wieder auf ihre große Vergangenheit. Es kam zu mehreren Öffnungen der Grüfte. Ein Teil der bis dahin gefundenen Überreste fand im großen Ottheinrichsgrab Aufnahme, einige Gräber verschloss man nach der wissenschaftlichen Aufnahme 1885/1886 wieder. Unter den Letzteren war auch – noch unerkannt – das Königsgrab des Stifters Rupprecht III. und seiner Gemahlin.

Im Herbst 1978 begannen umfangreiche Renovierungsarbeiten im Kircheninneren, wobei eine Sanierung der Bodenheizung vorgesehen war. Es war eigentlich nur eine Frage der Zeit, bis die Bauarbeiter auf die Grüfte der Heiliggeistkirche stoßen würden, wobei das Gotteshaus eine Überraschung bereithielt. Im November 1978 fanden Arbeiter im Boden unweit des Glockenturms menschliche Überreste. Der aus dem Kurpfälzischen Museum herbeigerufene Oberkustos Dr. Berndmark Heukemes ordnete den Fund anhand des Zustandes als ein Seuchengrab aus dem 17. Jahrhundert ein. Eine ordentliche Bestattung von fürstlichen Personen war an dieser Stelle ausgeschlossen. Die Knochenfunde wanderten in einen Karton und sollten nach Willen der Kirchenverwaltung nach Ende der Bauarbeiten wieder am Fundort beigesetzt werden. Zugleich plädierte Dr. Heukemes für eine Überwachung der Baustelle durch die Denkmalpflege.

Straßenbahnverkehr und Parkplätze: Die Heiliggeistkirche in den 50er-Jahren.

Doch unglücklicherweise waren die zuständigen Behörden nicht zur Stelle. Stattdessen präsentierte sich den ahnungslosen Passanten das Bild einer alltäglichen Baustelle. Vor der Kirche standen Baufahrzeuge und Baustellenwagen sowie Schuttcontainer auf der Hauptstraße. Arbeiter gingen ein und aus, die Portale standen die meiste Zeit offen. Niemand konnte kontrollieren, ob bei den Bauarbeiten unbeabsichtigt historisches Material im Bauschutt landete, mögliche Souvenirjäger hätten leichtes Spiel gehabt.

Am Morgen des 29. Juni 1979 stießen Arbeiter beim Ausschachten eines Warmluftkanals ungefähr auf die Stelle, wo bereits im Jahre 1885 zwei unversehrte Doppelgräber entdeckt worden waren. Die Särge von Kurfürst Friedrich II. und seiner Gemahlin Dorothea von Dänemark wurden nun geborgen und vom Pfarramt als Leihgabe dem Kurpfälzischen Museum übergeben. So weit, so gut, doch tragischerweise erkannten die Arbeiter das östlich gelegene Königsgrab Rupprechts III. nicht als solches. 1885 noch in unberührtem Zustand, hatte der Einbau der Bodenheizung in den 1930er-Jahren die Ruhestätte bereits in Mitleidenschaft gezogen. Damals hielten die Verantwortlichen die mit Schutt und Knochen verfüllte Grube für eines der vielen, 1693 geöffneten und durchwühlten Gräber. Erst als für die Neuinstallation der Heizung alles mit einem zwei Meter tiefen Schacht durchschnitten und mit Weichbeton verfüllt worden war, erkannte man, dass es sich aufgrund der Breite und Tiefe des Grabes um eine königliche Ruhestätte handeln musste. Zu spät! So wanderten die dort im Schutt aufgefundenen Knochenreste, nachdem sie einige Zeit in einem Karton deponiert worden waren, entweder zu den Funden des Seuchengrabes oder zu den anderen fürstlichen Überresten.

Immerhin, einstweilen konnten die Gebeine von Friedrich II. und seiner Gemahlin dank des immer noch gut erhaltenen Sarges der Dorothea von Dänemark identifiziert werden. Doch zum Verdruss der Forscher war den sterblichen Überresten Friedrichs II. die Umbettung in 1886 nicht bekommen. Der Leichnam war ebenso verfallen wie mögliche textile Überreste. Bei seiner Gattin stellte sich die Situation anders dar: Der 1885 geborgene Zinnsarg war nach seiner Öffnung wieder sorgsam verlötet worden, wodurch weder Feuchtigkeit noch Luft eine weitere Verwesung hatten verursachen können. Bei der Öffnung bot sich das gleiche Bild wie knapp ein Jahrhundert zuvor: Gebettet auf eine dicke Schicht Besenginster war der erhaltene Leichnam in grobmaschiges Jutegewebe eingehüllt und mit einer großen und wertvollen Brokatdecke mehrfach umwickelt. Den Hals schmückte ein Lederband mit Zinnenmuster, die gefalteten Hände ruhten in Handschuhen auf dem Bauch.

In der Hoffnung, den Fund im Rahmen einer Ausstellung über die Bestattungsformen der letzten tausend Jahre präsentieren zu können, sprachen sich Museum und Pfarramt für eine gründliche Erforschung der Überreste der Pfalzgräfin Dorothea aus. Doch dazu sollte es über 16 Jahre lang nicht kommen. Zwar gelangte der Leichnam in den 1990er-Jahren nach Freiburg in eine Klimakammer, wurde aber nie untersucht. Stattdessen bettete man die Gebeine der Dorothea und ihres Gemahls in Zinksärge. Auch die anderen anonymen Knochenfunde sollten in einem Sammelbehälter aus Zink verschlossen und mit der Jahreszahl der Wiederbestattung versehen werden.

Schon 1979/1980 wurde nach einer Lösung für die vielen Skelettreste gesucht. Da an der ursprünglichen Ruhestätte inzwischen ein Heizungsschacht lag, sollte das Grab des Kurfürsten Ottheinrich zu einer zentralen Gruft ausgebaut werden. Dieses ganz östlich im Chor gelegene Grab bot sich dank seiner Größe und Lage geradezu an. Doch für den kryptaähnlichen Ausbau mussten die über 60 bislang dort verwahrten Skelette eine regelrechte Odyssee antreten: Einzeln in Plastiktüten verpackt und nummeriert, gelangten sie zuerst in einen Kellerraum der Kirche. Da das Pfarramt nach einiger Zeit Schäden durch Feuchtigkeit befürchtete, deponierte man die Tüten in einem Gewölbe im Glockenturm und unter dem Dach, ehe sie im November 1979 zurück in die fertiggestellte Sammelgruft im Chor kamen. Ob die Ansammlung der Knochen damals noch vollständig war oder gar die Funde aus dem Königsgrab beinhaltete, ist ebenso unbekannt wie das Schicksal der Überreste aus dem Seuchengrab.

Eine Inspektion der Sammelgruft 1994 ergab ein recht unerfreuliches Bild. Ein Schädel, Knochen, Papierfetzen und anderer Schutt lagen wild umher, an einer Wand waren die einst geordneten und nummerierten Skelettreste zu einem großen Haufen aufgeschichtet. Die nähere Untersuchung ergab u. a. das Fehlen von mindestens 53 Schädeln!

Ob diese aus Versehen in einem anderen Teil der Heiliggeistkirche beigesetzt wurden oder als Diebesgut verlustig gingen, ist ebenso wenig festzustellen wie der genaue Zeitpunkt ihres Verschwindens. Die zuständigen Behörden verschlossen die übrig gebliebenen Gebeine in einem Zinkbehälter. Zum großen Stadtjubiläum 1996 fanden diese Überreste gemeinsam mit den Särgen Friedrichs II. und der Dorothea von Dänemark ihre bislang letzte Ruhe unter einer 60cm starken Abdeckung aus Sandstein im Sammelgrab im östlichen Chor der Heiliggeistkirche.

So muss wenige Jahrzehnte nach ihrer Bergung ungewiss bleiben, wo und ob sich die Gebeine des Kirchenstifters Ruprecht III. noch in Heiliggeist befinden. Vom Königsgrab verblieb der Nachwelt lediglich die mehrfach versetzte prachtvolle Reliefplatte.

Miltners Aral

Im Jahre 1903 wurde das über 400 Jahre ältere Handschuhsheim zu Heidelberg eingemeindet. Die „Hendsemer" sprechen heute davon: „... als Heidelberg zu Hendesse kumme isch ..." Nur ein Jahr später, 1904, wurde Handschuhsheim an das städtische Straßenbahnnetz angeschlossen, aber das von Carl Benz nur 18 Jahre zuvor im benachbarten Ladenburg erfundene Automobil war auf den Straßen der Stadt und in Handschuhsheim eine Seltenheit. So zeugte es von Mut und unternehmerischer Weitsichtigkeit als „nur" 24 Jahre später – die Zahl der Automobile war nach wie vor begrenzt – der aus Dossenheim stammende Theodor Miltner in Handschuhsheim die erste Tankstelle eröffnete. Sein Schwiegervater, der Baumeister Jakob Schmitt, war wenig erfreut über dieses neue Geschäft. Er glaubte, dass sich das nie und nimmer lohnen würde, in Anbetracht der Tatsache, „dass gerade mol drei Autolin pro Tag käme". Der Schwiegervater schüttelte den Kopf und meinte: „Des isch ä Faulenzerposchte."

An meine verehrte Kundschaft!

Heute habe ich die neue BV-Aral-Großtankstelle in **Heidelberg-Handschuhsheim, Dossenheimer Landstr.** 56-58 eröffnet.

Zum Verkauf kommen die bekannten Markenkraftstoffe

BV-Aral / BV-Benzin / BV-Öle

Meine moderne Wagenpflege steht Ihnen in den nächsten Tagen zur Verfügung.

Ich bitte, das mir bisher entgegengebrachte Vertrauen auch weiterhin zu bewahren.

Heidelberg-Handschuhsheim,
den 13. Mai 1953

Glückauf!

Th. Miltner u. Familie

Eröffnungsankündigung der neuen Araltankstelle, 1953.

Erich Miltner, 1953.

Der Name Miltner ist in Dossenheim genauso geläufig und häufig wie in Berlin Schlüters, Neumanns oder Schulzes. Um die verschiedenen Miltners in Dossenheim und Handschuhsheim besser unterscheiden zu können, beschrieb man die Person, die man meinte, nicht etwa mit dem Vornamen, sondern ergänzte den Nachnamen mit dem Gewerbe oder Beruf. Und so kam es, dass Theo Miltner bald als der „Öl" bekannt war.

Die erste Tankstelle, eine „Olex", befand sich in der Dossenheimer Landstraße 57 und verfügte bis 1933 über eine einzige Zapfsäule. 1933 expandierte Theo Miltner und zog auf die gegenüberliegende Straßenseite, Dossenheimer Landstraße 58–60. Die Tankstelle wurde eine „BP", es gab zwei Zapfsäulen und zur Unterstützung einen Tankwart. Als Theo Miltner in den Krieg musste, zapfte seine Frau.

Nach dem Krieg wurde die Tankstelle für drei Jahre von den amerikanischen Besatzern beschlagnahmt und 1953 ging es dann richtig los. Sohn Erich, der eine Lehre zum Kfz-Mechaniker absolviert hatte, und seine Frau Elisabeth führten die Tankstelle gemeinsam mit dem Vater weiter. Sie hatte nunmehr sieben Zapfsäulen, zwei Waschhallen, 16 Garagen, einen Reifen- und Batteriedienst und den Service von 10 (!) Tankwarten zu bieten.

Theo Miltner war perfekt, wenn es um das Thema Kundenbindung ging, ein Begriff, mit dem er damals sicher-

Miltners Aral in der Dossenheimer Landstrasse.

lich nichts hätte anfangen können. Als Mitglied in allen Handschuhsheimer Vereinen verpflichtete er jeden, nur bei ihm zu tanken und er wusste genau, wer wann das letzte Mal bei ihm war. Jeder Kunde wurde individuell bedient, mit jedem Kunden wurde „erzählt", meist im Büro an der Kasse, sodass sich die Autos oft bis auf die Straße rückstauten.

Unter dem blauen Logo von Aral wurde die Tankstelle eine Institution, deren Kundenkartei sich wie das Heidelberg „Who is Who" liest. Prof. Heinz Mayer-Leibnitz, der berühmte Physiker, Prof. h.c. Felix Wankel, Erfinder des nach ihm benannten Wankelmotors, viele Professoren und Ordinarien der Universität, Walter Sommerlath, wohnhaft in der Mühlingstraße vis à vis, der Fahrer von Bundespräsident Theodor Heuss, der in den 40er-Jahren in Heidelberg lebte und nach dem Krieg eine der ersten Zeitungen mitgründete, die heute noch existierende Rhein-Neckar-Zeitung …

Theo Miltner war für Gleichheit und sagte zu allen „Herr Doktor". Erhob wer Einspruch, antwortete Miltner: „Is scho recht, Herr Doktor!"

Wolfgang Fortner, der große Komponist und Dirigent, zählte ebenfalls zu den Kunden von „Miltners Aral" und kam regelmäßig zum Tanken und zur Pflege seines Autos. Nachdem die Arbeiten an seinem Auto beendet worden waren, ging Fortner ins Büro, zahlte und unterhielt sich wie alle anderen Kunden mit Theo Miltner, der dem „Herrn Doktor" abschließend eine gute Fahrt und noch einen schönen Tag wünschte. Ein älterer Kunde, der ebenfalls im Büro auf seine Rechnung wartete und etwas schwerhörig war, hatte die Szene beobachtet. Bereits dreimal hatte er Theo Miltner gefragt, wer „vun dene berühmte Leit' des nun scho wieder g'west war", und Miltner hatte ihm bereits zum dritten Mal laut gesagt, dass „des der Fortner war, der wo komponiert"! Kommentar des alten Mannes: „Isch versteh' des net, so än netter Mann, und dann ä Kommunischt!"

Theo Miltner, Erich Miltner und ein Vertreter der BP, ca. 1952.

Amerikahaus statt Schloss – Christo in Heidelberg

Eigentlich als avantgardistischer Ausblick auf das kommende Jahrzehnt geplant, mussten die Macher der „intermedia 69" feststellen, dass Kunst nicht im luftleeren Raum stattfinden kann. Das vom Heidelberger Historiker Jochen Goetze sowie dem Grafiker Klaus Staeck ins Leben gerufene Event geriet in einer Zeit, die politisch hochbrisant war, zwischen die Fronten: Es gab jede Menge Kritik aus konservativen und bürgerlichen Kreisen. Radikale Studenten wiederum verurteilten viele der künstlerischen Vorhaben als „unpolitisch".

Dabei las sich die Einladungsliste wie ein „Who is Who" der internationalen Kunstszene. Das Festival lockte im Mai 1969 für drei Tage mehr als 80 Künstler und über 5000 Zuschauer an, darunter auch den „Bild- und Kochkünstler" Daniel Spoerri sowie den Objektkünstler Günther Uecker. Die meisten Veranstaltungen sollten in den Studentenwohnheimen am Klausenpfad stattfinden und es war eine Verhüllung des Wohnheims Nr. 1 durch den bulgarischen Künstler Christo geplant. Allerdings standen bau- und feuerpolizeiliche Gründe einer Verhüllung des 12-Stöckigen Studentenwohnheims entgegen. Als der 33-jährige Bulgare jedoch das Schloss als mögliches Objekt für seine Verhüllung aussuchte, lief der Stadtrat Sturm. Diesmal führte das staatliche Liegenschaftsamt denkmalpflegerische Gründe gegen eine ganze oder teilweise Verhüllung der historischen Schlossanlage ins Feld.

Nach einigem Hin- und Her ergab sich die Möglichkeit, die Villa des Deutsch-Amerikanischen Instituts in der Sofienstraße zu verhüllen. Zur Erleichterung der Veranstalter willigte Christo ein. Was den Protagonisten dabei entweder nicht bewusst war oder billigend in Kauf

Christos „Frühwerk": Das verhüllte Amerikahaus in der Sofien-straße im Mai 1969.

genommen wurde: Mit dem Heidelberger Amerikahaus hatte man sich in den Augen der Vietnamkriegsgegner ein Symbol der ihnen verhassten USA ausgesucht, das bei vorangegangenen Demos der 60er-Jahre sogar schon als Zielscheibe hatte herhalten müssen.

Um den feuerpolizeilichen Anforderungen Genüge zu tun, durfte der Künstler nur schwer entflammbares Material verwenden. Dazu diente eine kurz zuvor in Ludwigshafen entwickelte weiße Gitterfolie. Zur Fixierung verwendete man armdicke Nylonseile, unzählige Rollen Spezialklebeband waren erforderlich, um das Bauwerk künstlerisch zu verpacken.

Der Aufbau – oder besser die Verhüllung – begann am 15. Mai 1969 um 6.00 Uhr morgens. Ob es am politischen Hintergrund oder der frühen Uhrzeit lag, dem Aufruf zur Mitarbeit folgten nur fünf Studierende. Dafür sprang eine kunstbegeisterte Lehrerin mit einer Gruppe 13-jähriger Schüler ein. Bei der Installation der 1900 Meter Folie zeigte sich die Tücke des Objekts: Als versucht wurde, das Haus vom Dach aus zu verhüllen, indem einzelne Folienbahnen herabgelassen wurden, stießen die eifrigen Helfer schnell an ihre Grenzen. Standen zuerst die Leitungen der Straßenbeleuchtung im Wege, drohte später ein heraufziehender Gewittersturm die Folie hinwegzufegen.

Während es den Helfern unter Anleitung des geradezu stoisch wirkenden Christo gelang, die Probleme zu überwinden, stieg die Zahl der Schaulustigen um das Amerikahaus stetig an. Unglücklicherweise fiel auf den 15. Mai in jenem Jahr Christi Himmelfahrt, sodass sich auf der Sofienstraße ein Gemisch aus politisierenden Studenten, aufgebrachten Bürgern und angeheiterten Vatertagsausflüglern zusammenbraute. Versuchten einige, an den herabgelassenen Folienbahnen zu zerren, so nutzten andere die erreichbaren Flächen für ihre politischen Botschaften, wobei es sogar zu Handgreiflichkeiten kam. „Kunst + Napalm! Amis raus aus Vietnam!" oder „Kunst als Weißmacher" waren noch die freundlicheren Parolen, die sich nun auf dem Kunstwerk wiederfanden. Während die Polizei aus Gründen der öffentlichen Sicherheit die Straße vor dem Amerikahaus für den Verkehr sperrte, postierte sich ein Löschzug, um einem möglichen Brandanschlag sofort entgegentreten zu können.

Das Kunstwerk Christos blieb freilich unvollendet. Angesichts der widrigen Umstände war aus der geplanten Verhüllung kaum mehr als ein „Notverband" geworden. Drei Tage blieb das Amerikahaus in diesem Zustand. Nach dem Abbau der Kunstinstallation folgte eine böse

Überraschung: Nicht der Vandalismus von der Straße, sondern die Helfer hatten dem fragilen Schieferdach mit ihrem Schuhwerk schwer zugesetzt und einen Schaden in Höhe von mehreren 1 000 Mark verursacht. Auch andere Stätten der „intermedia 69" kamen nicht ungeschoren davon und beschäftigen die Veranstalter des Festivals, Behörden und Versicherungen noch einige Zeit.

„Immerhin war es gelungen, die Heidelberger Idylle kurze Zeit empfindlich zu stören und die Stadt für wenige Tage auf den Kopf zu stellen", resümierte der Mitveranstalter Klaus Staeck 31 Jahre später. Und Christo? Nach Aussagen von Zeitgenossen erinnerte sich der Verpackungskünstler nur äußerst ungern an diese wilden Tage in Mai 1969.

Ungeachtet ihrer damaligen Reaktionen können sich die Heidelberger rühmen, Schauplatz einer der ersten großen Christo-Verhüllung gewesen zu sein – und dies schon ein Vierteljahrhundert vor der Verhüllung des Berliner Reichstags.

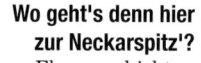